Mon encyclopédie
du **ciel** et de **l'espace**

Un livre Dorling Kindersley
www.dk.com

Copyright © 2008 Dorling Kindersley Limited
édition originale parue sous le titre *Space Encyclopedia*

Pour l'édition originale

Rédacteur Caroline Bingham
Édition Carrie Love, Lorrie Mack, et Penny Smith
Responsable éditorial Sue Leonard
Iconographe Andrea Sadler
Fond d'images DK Claire Bowers et Rose Horridge
Relecture scientifique Dr Jon Woodcock

Pour l'édition française

Responsable éditorial Thomas Dartige
Édition Anne-Flore Durand
Adaptation, traduction et mise en page
Bruno Porlier
Correction Dominique Mojal-Maurel
Couverture Christine Régnier
Site Internet associé Bénédicte Nambotin,
Françoise Favez et Eric Duport

Copyright © 2008 Gallimard Jeunesse, Paris

Copyright © 2008 ERPI pour l'édition française au
Canada

 5757, RUE CYPIHOT
SAINT-LAURENT (QUÉBEC)
H4S 1R3

www.erpi.com/documentaire

Dépôt légal – Bibliothèque et Archives nationales du Québec, 2008
Dépôt légal – Bibliothèque et Archives Canada, 2008

ISBN: 978-2-7613-2604-9
K 26049

Imprimé en Chine
Édition vendue exclusivement au Canada

Sommaire

Qu'est-ce que l'espace ?

L'exploration spatiale

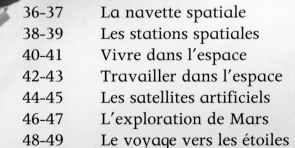

Le système solaire

Comètes, astéroïdes et météorites

L'Univers et ses secrets

L'espace à la portée de tous

Un livre à découvrir

Les pages de ce livre ont été conçues pour permettre un accès facile à une information très riche et pour donner au jeune lecteur l'envie d'exercer sa curiosité.

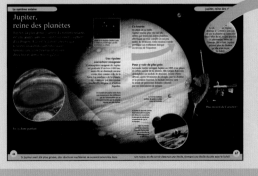

Un jeu pour exercer son attention : il va falloir scruter les pages attentivement !

Des renvois à d'autres pages du livre permettent de compléter sa connaissance sur un sujet.

Le code couleur de chaque chapitre facilite la consultation.

Des informations complémentaires, **incroyables mais vraies**, sont mises en valeur en encadré et dans le bandeau de bas de page.

Bienvenue dans l'espace !

L'espace recèle nombre de secrets et de phénomènes étranges. On y trouve des régions où le corps humain, s'il y était perdu sans véhicule spatial ni scaphandre pour le protéger, serait étiré comme un spaghetti ; d'autres où il se mettrait à bouillir ou à geler. Bienvenue dans un monde mystérieux et fascinant !

Notre idée de l'espace

L'espace évoque pour nous des choses très diverses. En voici quelques exemples.

L'impesanteur On ne ressent plus les effets de la gravité et tous les objets flottent.

Le vide De vastes régions de l'espace apparaissent dépourvues de tout contenu.

Les étoiles Ce sont d'énormes boules de gaz brûlants. Notre Soleil est une étoile.

Les astronautes Ce sont ceux qui explorent cet espace situé au-delà de la planète Terre.

Les fusées et satellites Ce sont les véhicules utilisés pour l'exploration de l'espace.

Le silence total Il n'y a pas d'air dans l'espace. Aucun son ne peut donc s'y propager.

L'espace vu de la Terre

Par une nuit claire, on peut observer des milliers d'étoiles brillant dans un ciel noir. Ainsi voyons-nous, depuis notre planète, ce que nous appelons l'«espace», c'est-à-dire les immenses régions vides situées entre les étoiles et les planètes. Souvent, toutefois, elles ne sont pas totalement vides : elles contiennent, en très faible quantité, des poussières et des gaz. Par endroits, ceux-ci forment des nuages plus denses.

Une nébuleuse est un nuage de gaz et de poussières dans l'espace. On voit ici la nébuleuse Hélix, située à 700 années-lumière, vue par le télescope spatial Spitzer, de la NASA.

Trop immense pour notre imagination

Les astronomes mesurent les distances dans l'espace en années-lumière. Une année-lumière est la distance parcourue par la lumière en une année, soit 9 460 milliards de kilomètres.

Selon les spécialistes, l'Univers serait âgé d'un peu moins de 14 milliards d'années,

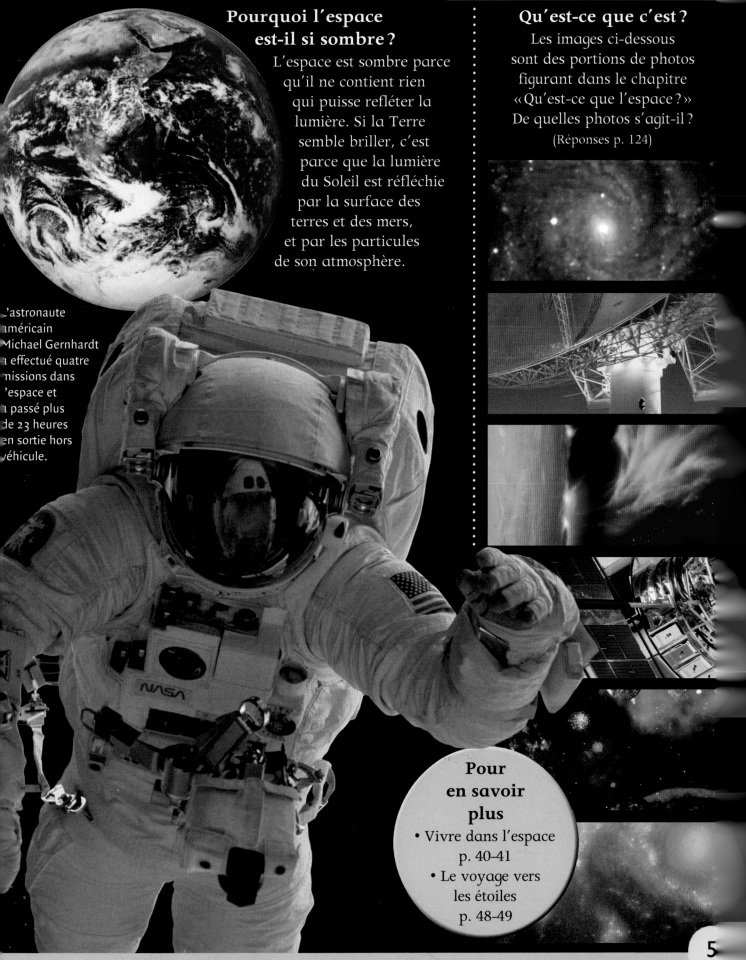

Pourquoi l'espace est-il si sombre ?

L'espace est sombre parce qu'il ne contient rien qui puisse refléter la lumière. Si la Terre semble briller, c'est parce que la lumière du Soleil est réfléchie par la surface des terres et des mers, et par les particules de son atmosphère.

L'astronaute américain Michael Gernhardt a effectué quatre missions dans l'espace et a passé plus de 23 heures en sortie hors véhicule.

Qu'est-ce que c'est ?

Les images ci-dessous sont des portions de photos figurant dans le chapitre « Qu'est-ce que l'espace ? » De quelles photos s'agit-il ?

(Réponses p. 124)

Pour en savoir plus
• Vivre dans l'espace
p. 40-41
• Le voyage vers
les étoiles
p. 48-49

ce qui correspond à la période qui s'est écoulée depuis le big bang.

Où commence l'espace ?

La Terre est enveloppée d'une mince couche de gaz qui constitue son atmosphère. Hors de cette atmosphère commence l'espace, où il n'y a plus d'air pour permettre aux êtres vivants de respirer, aux ailes de voler, au son de se propager. Si l'on essayait de crier dans l'espace, aucun bruit ne sortirait de notre bouche.

Fondu au noir

L'atmosphère terrestre n'a pas de frontière bien délimitée : elle devient de plus en plus ténue à mesure que l'on s'éloigne de la planète et se fond progressivement dans l'espace.

La station spatiale russe *Mir* en orbite au-dessus de l'atmosphère terrestre, photographiée depuis la navette américaine *Atlantis*

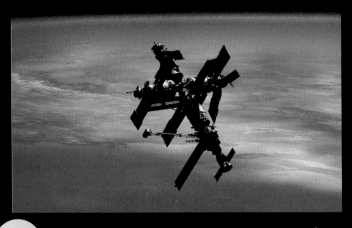

EXOSPHÈRE

THERMOSPHÈRE

MÉSOSPHÈRE

STRATOSPHÈRE

TROPOSPHÈRE

L'exosphère est la couche la plus externe de l'atmosphère ; elle s'étend à environ 10 000 km au-dessus de la Terre. Les gaz les plus légers qui la composent se fondent dans l'espace.

La **thermosphère** s'élève jusqu'à plus de 700 km au-dessus de la Terre. C'est dans cette couche que se forment les aurores boréales et australes qui illuminent parfois les ciels polaires.

La plupart des spécialistes considèrent que l'espace commence à partir de 100 km du sol. Au-delà de cette limite, notre illustration n'est plus à l'échelle.

La **mésosphère** atteint 85 km au-dessus du sol. L'air y est ténu, mais déjà assez dense pour ralentir les météorites.

La **stratosphère** s'élève jusqu'à environ 50 km au-dessus de la Terre. Les avions évoluent dans la haute troposphère et la basse stratosphère, au-dessus des nuages.

La **troposphère** s'étend jusqu'à 6 à 20 km au-dessus du sol. C'est dans cette couche que se produisent tous les phénomènes climatiques.

L'atmosphère est un mélange de gaz que nous appelons l'air, composé de 78 % d'azote

Les ailes des astronautes

La NASA, agence spatiale américaine, décerne des ailes d'astronautes aux militaires et aux civils qui ont effectué une mission à plus de 80 km d'altitude au-dessus de la surface de la Terre. Celles qui sont représentées ici sont réservées aux civils.

En voyageant à la vitesse moyenne ordinaire d'une automobile, il faudrait environ seulement une heure pour atteindre l'espace !

Gaia, satellite européen dont le lancement est prévu en 2011.

À travers l'air

Un vaisseau spatial prévu pour évoluer en partie dans l'atmosphère doit être profilé de manière à pénétrer facilement dans l'air. Il est donc caréné pour lui donner des formes aérodynamiques.

Les différentes parties de la Navette spatiale (l'orbiteur, le réservoir et les boosters à poudre) sont profilées pour faciliter le décollage.

Un chapeau en orbite

Dans l'espace où évoluent les satellites, il n'y a pas d'air pour les freiner. Ceux-ci peuvent donc avoir n'importe quelle forme.

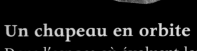

21 % d'oxygène et de 1 % d'autres gaz comme l'argon et le dioxyde de carbone.

Les astronomes

L'homme étudie le ciel nocturne depuis des milliers d'années. Cette science est appelée l'astronomie et ceux qui la pratiquent des astronomes. Il y a environ 400 ans, une invention allait révolutionner leur pratique : la lunette d'approche.

Incroyable mais vrai

Dans l'Italie du XVIIe siècle, les découvertes de Galilée furent très mal accueillies par l'Église, qui avait beaucoup de pouvoir. Celle-ci l'obligea à renier ses affirmations et il passa la fin de sa vie en résidence surveillée.

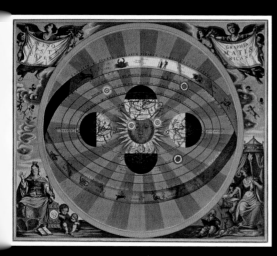

Copernic plaçait le Soleil au centre des planètes. Ainsi, il « arrêta le Soleil et mit la Terre en mouvement ».

Avant l'invention de la lunette

En 1543, le monde fut choqué lorsque l'astronome polonais Nicolas Copernic suggéra que la Terre n'était qu'une planète comme les autres tournant autour du Soleil. Jusqu'alors, tout le monde était convaincu que la Terre était le centre de l'Univers et que c'était le Soleil qui tournait autour d'elle. On sait aujourd'hui que c'est Copernic qui avait raison.

Galilée confirme Copernic

En 1609, l'astronome italien Galilée construisit une lunette d'approche simple et, par ses observations, démontra que Copernic avait vu juste. Il découvrit que la planète Vénus avait des phases (comme notre Lune), que Jupiter avait, elle aussi, des satellites, et aperçut des montagnes à la surface de la Lune.

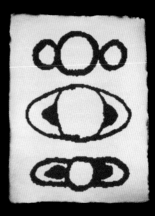

Saturne telle que Galilée la dessina. Il pensait que ses anneaux étaient deux lunes, ou bien des « oreilles ».

Réplique d'une lunette d'astronomie du XVIIe siècle

Saturne telle que nous l'observons aujourd'hui

C'est l'opticien hollandais Hans Lippershey qui inventa la lunette d'approche en 1608.

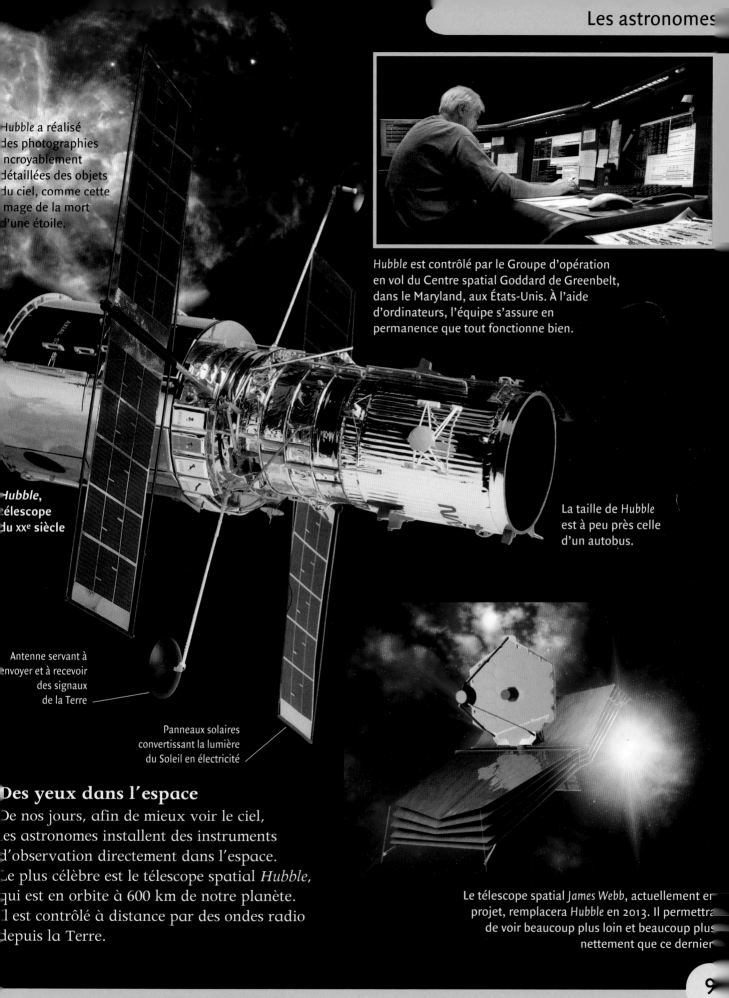

Hubble a réalisé des photographies incroyablement détaillées des objets du ciel, comme cette image de la mort d'une étoile.

Hubble est contrôlé par le Groupe d'opération en vol du Centre spatial Goddard de Greenbelt, dans le Maryland, aux États-Unis. À l'aide d'ordinateurs, l'équipe s'assure en permanence que tout fonctionne bien.

Hubble, télescope du XXe siècle

La taille de Hubble est à peu près celle d'un autobus.

Antenne servant à envoyer et à recevoir des signaux de la Terre

Panneaux solaires convertissant la lumière du Soleil en électricité

Des yeux dans l'espace

De nos jours, afin de mieux voir le ciel, les astronomes installent des instruments d'observation directement dans l'espace. Le plus célèbre est le télescope spatial Hubble, qui est en orbite à 600 km de notre planète. Il est contrôlé à distance par des ondes radio depuis la Terre.

Le télescope spatial James Webb, actuellement en projet, remplacera Hubble en 2013. Il permettra de voir beaucoup plus loin et beaucoup plus nettement que ce dernier.

Galilée eut l'idée d'en adapter le principe à l'observation astronomique en 1609.

Les observatoires

La lumière en provenance des objets célestes arrive constamment sur Terre. Pour les astronomes, l'une des façons d'étudier l'espace est d'observer cette lumière. Il leur faut pour cela de puissants télescopes et des nuits claires, sans nuages.

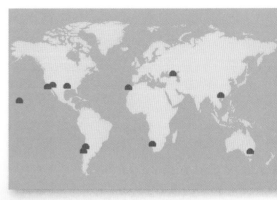

La plupart des grands observatoires du monde se situe au sommet de volcans éteints ou de hautes montagnes car l'air y est plus clair qu'ailleurs.

L'observatoire sur le volcan

Les plus grands télescopes optiques du monde sont les *Keck*, deux télescopes jumeaux situés au sommet du Mauna Kea, un volcan endormi situé sur l'île américaine de Hawaii, dans le Pacifique. Ils sont équipés chacun d'un miroir de 10 m de diamètre.

Les *Keck*, télescopes jumeaux du Mauna Kea

Le télescope spatial *Chandra* est doté d'un tel pouvoir séparateur qu'il est capable

Un télescope spatial

Ce satellite est *Chandra*, un télescope à rayons X que les scientifiques utilisent pour étudier les trous noirs et les étoiles qui explosent en mourant.

Une meilleure vue

L'Observatoire royal de Greenwich a dû déplacer trois fois ses télescopes à cause de la pollution qui gênait ses observations. Situé à l'origine à Greenwich, près de Londres, en Angleterre, il a fini dans les îles Canaries, à 2 300 m au-dessus du niveau de la mer.

On utilise une lunette secondaire appelée chercheur pour pointer le télescope principal.

Tout est dans le nom

Une lunette ou un télescope optique collecte beaucoup plus de lumière que l'œil humain. Plus le diamètre de sa lentille frontale – ou de son miroir, dans le cas d'un télescope – est grand, plus l'appareil peut capter des objets de faible luminosité. C'est pourquoi, comme leur nom l'indique, les télescopes sont fréquemment de grandes dimensions. Ainsi, le télescope européen situé dans le désert d'Atacama, au Chili, a été baptisé *Very Large Telescope* – ou *VLT*. En anglais, cela signifie tout simplement «très grand télescope».

Large miroir principal

Le sommet est dépourvu de pollution lumineuse et atmosphérique.

Près des deux *Keck*, se trouvent également les télescopes des observatoires Canada-France-Hawaii et Gemini North.

de discerner un objet de la taille d'un panneau indicateur à une distance de 20 km.

La radio-astronomie

Des ondes radio invisibles émises par nos appareils nous environnent de toutes parts. Les astres en émettent également. On utilise, pour les capter, de vastes antennes en forme de paraboles. Grâce à celles-ci, jour et nuit, les radio-astronomes scrutent et étudient le ciel.

Fonctionnement d'un radiotélescope

Ondes radio

Parabole

Antenne

Les ondes radio sont réfléchies par la parabole et concentrées sur l'antenne.

Des récepteurs détectent et amplifient les signaux radio.

Des « oreilles » sur le ciel ?

Ce ne sont pas des bruits que captent les radio-astronomes grâce à leurs antennes : aucun son ne peut voyager dans l'espace. Ce sont des ondes radio-électriques du même type que celles qu'utilisent nos téléphones portables. Elles peuvent ensuite éventuellement être transformées en sons, le plus souvent en images.

Le centre de la galaxie, en rouge, produit les signaux les plus puissants.

Multidirectionelles

Les antennes paraboliques des radio-astronomes sont appelées des radiotélescopes. Elles pivotent dans toutes les directions, comme un télescope optique. On peut ainsi les pointer sur les régions de l'espace que l'on souhaite étudier. Cela permet également de suivre les astres dans leur déplacement apparent dû à la rotation de la Terre. Les mouvements de l'antenne, contrôlés par ordinateur, sont extrêmement précis.

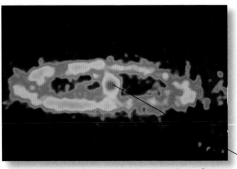

Image radio de la galaxie d'Andromède

D'une pollution à l'autre

Contrairement aux télescopes optiques, les radiotélescopes n'ont pas besoin d'être installés sur des montagnes car les ondes radio traversent les couches nuageuses. Mais s'ils s'affranchissent de la pollution atmosphérique, leur réception est perturbée par la pollution radio-électrique due aux émissions des appareils utilisés par l'homme.

On utilise quotidiennement les ondes radio à travers l'emploi d'appareils

Le plus grand radiotélescope du monde

Les signaux radio en provenance des astres sont très faibles et il faut de très grandes antennes pour les capter. Le *Very Large Array* (ou *VLA*), un radiotélescope situé au Nouveau-Mexique, aux États-Unis, est composé de 27 antennes paraboliques mesurant chacune 25 m de diamètre. Utilisées individuellement ou en association pour balayer le ciel, elles se déplacent sur des rails et peuvent être réparties sur 36 km!

Les ondes radio venues de l'espace ne furent découvertes qu'en 1932 et la radio-astronomie ne prit son essor qu'après la Seconde Guerre mondiale.

Pour effectuer l'entretien et les réparations des antennes, il faut parfois descendre dans la parabole.

Incroyable mais vrai

On utilise surtout des véhicules Diesel aux abords des radiotélescopes, car les étincelles produites par les moteurs à essence génèrent des ondes radio parasites pouvant couvrir celles qui proviennent de l'espace.

tels que les téléphones mobiles, l'Internet sans fil, les télécommandes, etc.

Notre place dans l'espace

À notre échelle humaine, la Terre est gigantesque et il nous faut beaucoup de temps pour la parcourir. Mais à l'échelle du cosmos, elle n'est qu'une insignifiante petite planète en orbite autour d'une étoile très ordinaire. Quelle est donc sa place exacte dans l'Univers?

La Terre ressemble à une bille bleue suspendue dans l'espace.

La Terre et son satellite

Notre planète possède un seul satellite naturel : la Lune. Cette dernière est quatre fois plus petite que la Terre, autour de laquelle elle évolue sur une orbite située à 384 000 km de distance en moyenne.

Saturne

Jupiter

Uranus

Terre

Mercure

Vénus

Mars

Neptune

Les astronautes qui ont contemplé la Terre depuis l'espace ont tous été frappés par sa beauté. L'un d'eux a dit qu'elle ressemblait à une boule de sapin de Noël.

Le système solaire. Sur cette illustration, ni les planètes ni leur orbite ne sont à l'échelle.

Le système solaire

Les huit planètes en orbite autour du Soleil, ainsi que leurs satellites, les comètes, les astéroïdes, les planètes naines et quantités de poussières et de gaz, composent notre système solaire. La Terre est la troisième planète à partir du Soleil. Elle est située exactement à la bonne distance de ce dernier pour permettre le développement de la vie à sa surface.

Longtemps considérée comme une planète, Pluton est désormais classée « planète

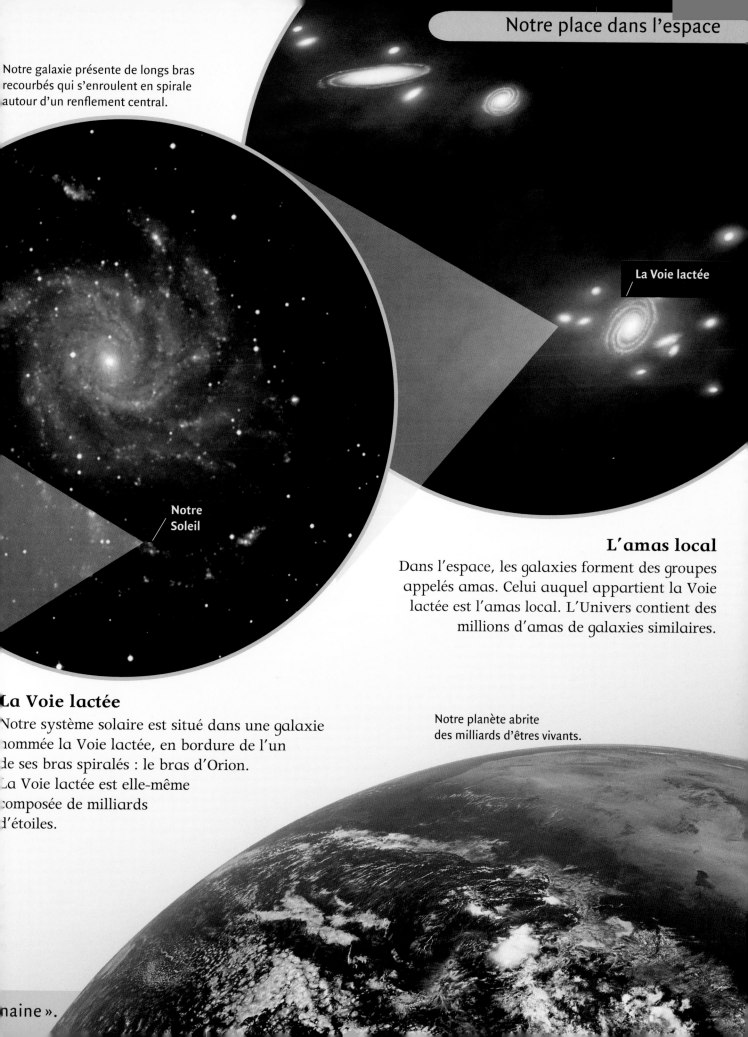

Notre galaxie présente de longs bras recourbés qui s'enroulent en spirale autour d'un renflement central.

La Voie lactée

Notre Soleil

L'amas local

Dans l'espace, les galaxies forment des groupes appelés amas. Celui auquel appartient la Voie lactée est l'amas local. L'Univers contient des millions d'amas de galaxies similaires.

La Voie lactée

Notre système solaire est situé dans une galaxie nommée la Voie lactée, en bordure de l'un de ses bras spiralés : le bras d'Orion. La Voie lactée est elle-même composée de milliards d'étoiles.

Notre planète abrite des milliards d'êtres vivants.

naine ».

Les galaxies

Une galaxie est un immense ensemble d'étoiles, de nuages de gaz et de poussières, maintenus rassemblés par la gravité. Sa majeure partie est néanmoins composée d'espace vide et l'on a peine à se figurer les distances qu'elle couvre.

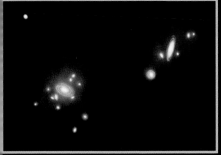

Beaucoup de galaxies se répartissent en amas, pouvant compter des milliers de membres. Ainsi, notre Galaxie, la Voie lactée, appartient à un amas d'une trentaine de galaxies appelé l'amas local.

Il arrive que deux galaxies entrent en collision, comme les deux galaxies spirales que l'on voit ici.

La structure des galaxies

Les galaxies varient beaucoup par l'aspect, la forme et la masse, mais elles se classent néanmoins en quelques grands types selon leur forme. On ignore toutefois à quoi leur forme est due.

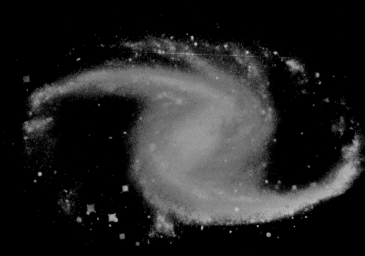

Les galaxies spirales

Ces galaxies en forme de disque sont en lente rotation sur elles-mêmes. Elles évoquent des tourbillons, présentant souvent deux bras qui s'effilochent et s'enroulent autour d'un renflement central.

Les galaxies spirales barrées

Les bras des galaxies de ce type s'enroulent à partir des extrémités d'une barre d'étoiles centrale et non à partir du renflement central.

Certaines galaxies ont reçu des noms, mais elles sont trop nombreuses pour être

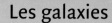

Incroyable mais vrai

La Voie lactée, notre galaxie, compte 200 milliards d'étoiles environ. Son diamètre est de 100 000 années-lumière, ce qui veut dire qu'il faudrait 100 000 ans à un vaisseau circulant à la vitesse de la lumière pour la traverser.

Rencontre galactique

La collision de deux galaxies est un processus qui s'étale sur des millions d'années. Ce ne sont pas les étoiles qui composent les galaxies qui entrent en collision entre elles, mais les nuages de gaz et de poussières. Une telle collision peut entraîner la formation de nouvelles étoiles.

Les galaxies irrégulières

Ces galaxies n'ont pas de forme définie. Elles contiennent énormément de gaz et de poussières, et beaucoup sont des pépinières très actives où naissent de nouvelles étoiles.

es galaxies elliptiques

e forme sphérique à ovoïde, elles sont surtout omposées d'étoiles âgées, ne renfermant pas de uages de gaz où se forment de nouvelles étoiles.

aptisées toutes. C'est pourquoi on les distingue par des suites de lettres et de chiffres.

La Voie lactée

Notre système solaire n'est qu'une infime partie d'une gigantesque galaxie spirale : la Voie lactée. Celle-ci est composée de milliards d'étoiles qui, vues de la Terre, semblent avoir été éparpillées dans le ciel nocturne.

Les scientifiques pensent que la Voie lactée contient environ 200 milliards d'étoiles.

Pourquoi ce nom ?

Avant l'invention de la lunette d'approche, puis du télescope, on ne pouvait voir clairement les étoiles lointaines qui composent la Voie lactée. À l'œil nu, elles apparaissent comme une sorte de halo laiteux barrant le ciel nocturne. Les Grecs de l'Antiquité l'appelaient « la Rivière de lait ». De là dérive le nom actuel de notre galaxie.

Les mythes de la Galaxie

Jadis, avant que l'on connaisse la nature de cette grande bande blanchâtre en travers du ciel, les hommes tentaient d'expliquer sa formation à travers leurs croyances.

Pour en savoir plus
• Les astronomes p. 8-9
• Une étoile, un système p. 50-51

Les Indiens d'Amérique racontaient qu'un chien avait répandu des graines en s'enfuyant à travers le ciel.

La mythologie hindoue voit dans la Voie lactée le ventre tacheté d'un dauphin.

Les bushmen du Kalahari disent qu'elle a été créée par les braises brûlantes crachées par un feu.

Les Égyptiens de l'Antiquité croyaient que les étoiles étaient un bassin fait du lait d'une vache.

Une vue de côté
La Voie lactée, comme toutes les galaxies spirales est aplatie avec un renflement au centre et des bras qui s'enroulent formant un disque

Les étoiles les plus anciennes de la Galaxie se trouvent près de son centre,

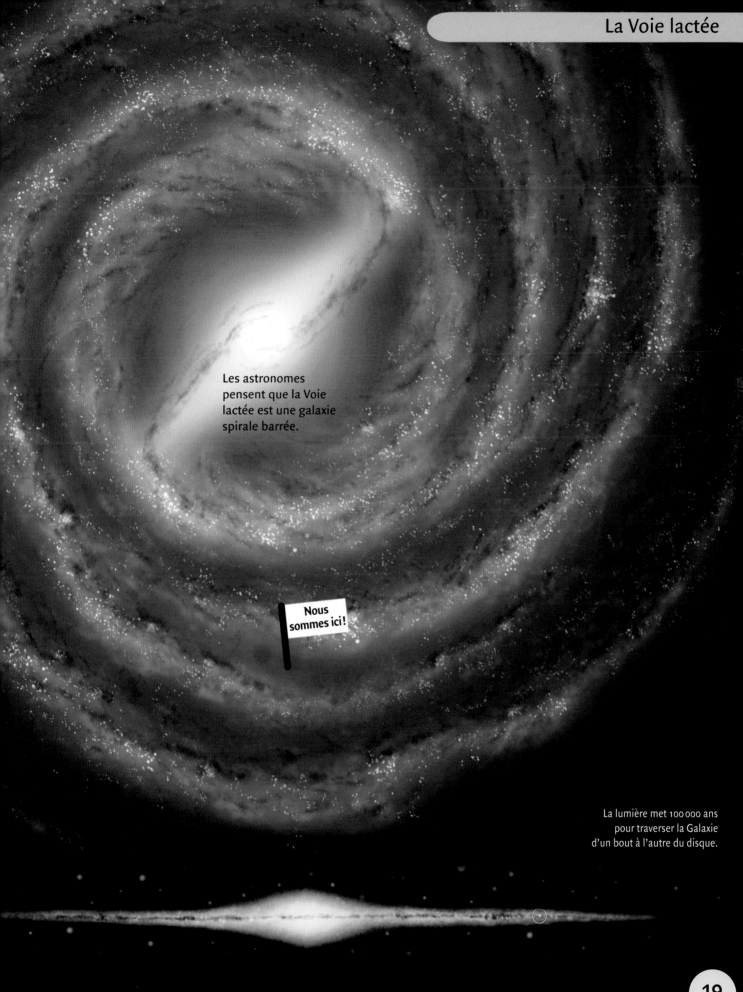

Les astronomes
pensent que la Voie
lactée est une galaxie
spirale barrée.

Nous
sommes ici !

La lumière met 100 000 ans
pour traverser la Galaxie
d'un bout à l'autre du disque.

souvent rassemblées en amas sphériques géants appelés amas globulaires.

Les étoiles voisines

Notre étoile est le Soleil.
Celui-ci semble très loin
de nous, mais sa lumière met
à peine plus de huit minutes
pour parvenir jusqu'à la Terre.
Au-delà, celle de l'étoile la plus
proche, Proxima du Centaure,
met plus de quatre ans pour
nous atteindre.

Soleil

À des années-lumière

Les astronomes mesurent les distances
dans l'espace en années-lumière
car elles sont si gigantesques
que les unités de mesure
ordinaires sont sans utilité.
Une année-lumière est donc
la distance que parcourt
la lumière en une année :
9 460 milliards de kilomètres.

Terre

20

La distance séparant la Terre de Proxima du Centaure, l'étoile la plus proche après

Pourquoi les étoiles scintillent-elles ?

Ce sont les perturbations de l'atmosphère terrestre qui font que, vues de la Terre, les étoiles scintillent. Leur lumière pénètre dans l'atmosphère sous forme de rayons bien droits et stables, mais les mouvements de l'air les dévient légèrement, ce qui rend leur image moins nette et comme animée en permanence d'infimes pulsations.

Proxima du Centaure

L'étoile Proxima du Centaure ne fut découverte qu'en 1915. Sa lumière est très faible et ne peut être vue sans l'aide d'une lunette ou d'un télescope. Elle fait partie des naines rouges et apparaît donc rouge à l'observation.

Proxima
du Centaure

On ignore si Proxima du Centaure possède ou non des planètes en orbite, mais on peut l'imaginer. Cette illustration montre à quoi pourrait ressembler la vue depuis l'une de ces planètes.

Voisines immédiates

Avec deux autres étoiles, Alpha A et Alpha B, Proxima fait partie d'un groupe appelé Alpha du Centaure. Alpha A du Centaure ressemble à notre Soleil ; c'est pourquoi les spécialistes pensent qu'elle pourrait avoir des planètes hébergeant la vie.

notre Soleil, est de 4,22 années-lumière : un peu moins de... 40 000 milliards de km !

L'Univers

L'Univers est composé de tout ce qui existe de connu et d'encore inconnu dans le cosmos : la Terre et la Lune, le Soleil et le système solaire, la Voie lactée et toutes les autres galaxies.

Une galaxie moyenne typique contient 100 milliards d'étoiles environ.

C'est immense…

Les galaxies qui peuplent l'Univers se répartissent sur des distances tellement énormes qu'elles en sont inimaginables. Pour traverser notre seule galaxie, une sonde spatiale ordinaire mettrait deux milliards d'années.

…et de plus en plus grand.

En outre, l'Univers est en expansion, ce qui signifie que toutes les galaxies s'éloignent les unes des autres.

La vitesse de la sonde *Voyager 1* – 17,1 km/s – est très rapide comparée à celles de nos

Pour se représenter un Univers en expansion, il faut dessiner sur un ballon de baudruche dégonflé des points et des spirales, qui figureront les galaxies. Lorsque l'on souffle dans le ballon pour le gonfler, ceux-ci s'éloignent les uns des autres dans toutes les directions.

De sombres mystères

Tout ce qui existe dans l'espace n'est sans doute pas visible. Ainsi, les spécialistes pensent qu'il existe, entre les étoiles, une mystérieuse «matière noire», invisible, dont on ignore encore tout de la nature.

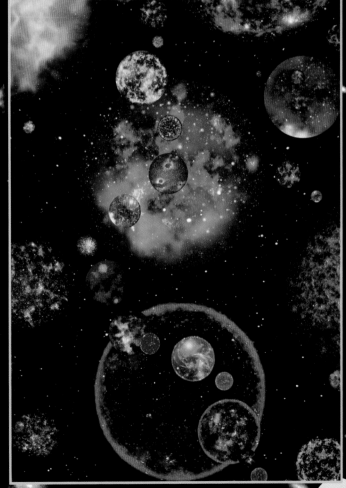

Difficile à imaginer

Le plus étonnant, c'est qu'il existe peut-être d'autres univers, parallèles au nôtre, que les spécialistes appellent des «multivers».

engins terrestres, mais très insuffisante pour envisager un voyage à travers la Galaxie.

À la découverte de l'espace

Pour se faire une idée de l'immensité de l'espace, il faut s'imaginer que la sonde *Voyager 1*, qui a été lancée il y a plus de 30 ans, atteint tout juste actuellement les confins de notre système solaire. En fait, l'exploration spatiale ne fait que commencer.

Saturne

L'orbiteur *Cassini*

L'astronaute Leroy Chiao

D'un pays à l'autre

Le mot «astronaute», en usage aux États-Unis et en Europe, dérive de deux mots grecs : *astron*, qui signifie «étoile», et *nautes*, qui signifie «navigateur». En Russie, les astronautes sont appelés des «cosmonautes» (du grec *kosmos*, qui signifie «univers»). Quant aux astronautes chinois, on les appelle chez eux *yuhangyuan* – littéralement «voyageur travailleur de l'univers», ou «navigateur de l'espace».

Le cosmonaute Youri Malenchenko

24

La sonde *Cassini-Huygens* a mis sept ans pour atteindre Saturne. Sans l'effet

Le chemin le plus court n'est pas la ligne droite

Les engins spatiaux lancés depuis la Terre voyagent rarement en ligne droite vers leur destination. La sonde *Cassini-Huygens*, par exemple, a suivi une trajectoire circulaire durant sa mission vers Saturne afin d'utiliser l'effet de fronde gravitationnelle (voir ci-dessous).

Qu'est-ce que c'est ?

Les images ci-dessous sont des portions de photos figurant dans le chapitre «L'exploration spatiale». De quelles photos s'agit-il ?

(Réponses p. 124)

Grâce à l'antenne, la sonde communique les données d'observation recueillies aux chercheurs sur Terre.

Le moteur principal et les moteurs fusées auxiliaires permettent de diriger l'engin et d'ajuster sa vitesse.

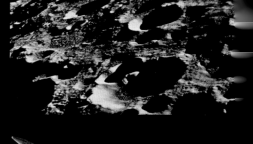

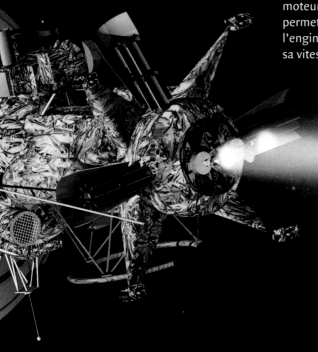

Fronde gravitationnelle

Aux abords d'une planète, un vaisseau est attiré par sa gravité et peut s'en servir pour acquérir de la vitesse et changer de direction : c'est l'effet de fronde gravitationnelle. Ainsi *Cassini-Huygens* a fait deux fois le tour de Vénus, une fois celui de la Terre, et une fois celui de Jupiter avant de mettre le cap sur Saturne.

Pour en savoir plus
• Les fusées p. 30-31
• Les stations spatiales p. 38-39

de la fronde gravitationnelle, elle aurait mis plusieurs dizaines d'années de plus.

L'entraînement des astronautes

Pour devenir astronaute, il ne suffit pas de monter dans une fusée et de décoller. Les gens qui partent dans l'espace effectuent des mois d'études et d'entraînement. Ils doivent être dans d'excellentes conditions physiques. Certains astronautes affirment que leur préparation est beaucoup plus dure que n'importe quelle mission spatiale.

Par tous les moyens

Les astronautes s'entraînent pour pouvoir faire face à toutes sortes de situations. Ils utilisent pour cela de véritables engins volants ou bien des simulateurs de vol et divers systèmes de réalité virtuelle.

Lors d'un entraînement, cinq astronautes de la NASA évacuent un compagnon « blessé » après un saut en parachute simulé.

Entraînement sous l'eau

En plongée sous-marine, le corps se trouve dans une situation très proche de l'impesanteur qui règne dans l'espace. C'est pourquoi les astronautes utilisent des piscines spéciales pour s'entraîner en vue des sorties hors véhicule. L'une des piscines de la NASA contient une réplique grandeur nature de la soute de la Navette spatiale.

L'entraînement de base d'un astronaute de la NASA dure une année,

Dans tous les sens

Un entraîneur multi-axe permet aux astronautes de se familiariser avec la sensation de tourner en tous sens comme s'ils étaient en impesanteur.

Comme sur la Lune

À la station de recherche en atterrissage lunaire de la NASA située à Hampton, en Virginie, aux États-Unis, les astronautes apprennent, suspendus à de lourds câbles, à marcher dans les conditions de faible pesanteur qui règnent sur la Lune.

Sensation de légèreté

Pilotés d'une façon particulière, certains avions permettent de recréer pendant quelques dizaines de secondes l'état d'impesanteur qui règne dans l'espace. Équipés de cabines aux parois rembourrées, ces appareils offrent aux futurs astronautes l'occasion d'expérimenter la sensation d'absence de poids et de flotter dans l'air comme dans la Navette ou la Station spatiale internationale.

à laquelle s'ajoutent des périodes d'entraînement avancé en préparation des missions.

L'équipement des astronautes

Une mission spatiale est une expédition pleine de risques.
Il faut emporter tout un matériel très sophistiqué. Selon la tâche
qu'ils doivent accomplir, les astronautes portent différentes
tenues protectrices.

Parés pour le décollage

Lors du lancement de la navette et de sa rentrée dans l'atmosphère, les astronautes portent un scaphandre orange spécial qui assure leur sécurité durant ces phases à hauts risques du voyage. Les outils sont stockés dans d'énormes poches sur les jambes.

Le scaphandre de lancement et de rentrée dans l'atmosphère

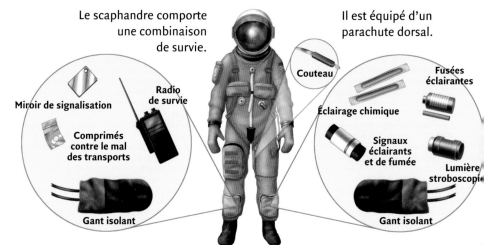

Le scaphandre comporte une combinaison de survie.

Il est équipé d'un parachute dorsal.

Miroir de signalisation

Comprimés contre le mal des transports

Radio de survie

Gant isolant

Couteau

Éclairage chimique

Fusées éclairantes

Signaux éclairants et de fumée

Lumière stroboscopique

Gant isolant

La tenue de sortie

Pour une sortie dans l'espace, les astronautes revêtent un scaphandre extravéhiculaire. Celui-ci est composé de nombreuses couches. En dessous, ils portent un sous-vêtement en une seule pièce renfermant des tubes dans lesquels circule de l'eau de refroidissement.

Sous le casque, une cagoule de communication comporte des écouteurs et un microphone.

Le scaphandre extravéhiculaire permet à un astronaute de survivre environ 8h30

En cas d'urgence

En cas d'accident lors
de leur retour sur Terre,
les astronautes emportent
un matériel de survie.

Le radeau de survie
est utile si la navette
doit se poser en
urgence en pleine mer.

Le colorant sert à
teinter l'eau de mer
après un crash pour se
signaler aux sauveteurs.

La boisson, absorbée
régulièrement, permet
aux naufragés de se
maintenir hydratés.

**Les cartouches
lumineuses chimiques**
permettent aux
astronautes de s'éclairer.

Les spationautes doivent faire régulièrement
de l'exercice pour entretenir leur musculature.

La garde-robe

Dans leur vaisseau,
les astronautes
portent des vêtements
ordinaires, tels que
shorts et T-shirts.
Mais ils ne sont pas
changés aussi souvent
que sur Terre car
il n'existe pas de
machine à laver dans
une station spatiale.

Promenade dans l'espace

Le scaphandre extravéhiculaire est une sorte de
vaisseau spatial portable. Il fournit à l'astronaute
tout ce qu'il lui faut pour survivre. Il est employé
pour les interventions en dehors de la Navette
et de la Station spatiale internationale.

Les astronautes
doivent parfois sortir
dans l'espace pour
réparer des satellites ou
contrôler l'extérieur
du vaisseau.

dans l'espace. Sur Terre, il pèse 47 kg et le sac dorsal 67 kg supplémentaires.

Les fusées

Les fusées qui emportent hommes et satellites dans l'espace sont pourvues de puissants moteurs à réaction. En brûlant leur carburant, ceux-ci produisent un jet de gaz très chaud qui est projeté violemment vers le bas. Cela crée une force appelée « poussée » qui propulse la fusée vers le haut.

Le nez profilé en forme de cône réduit la résistance de l'air au décollage.

Les débuts

La première fusée à carburant liquide fut lancée en 1926 par l'Américain Robert Goddard. Elle atteignit 12,50 m de haut et son vol dura 2,5 secondes.

Lancement de la fusée *Longue Marche 2C* depuis le centre spatial de Jiuquan, en Chine, le 19 août 1983. Sa principale cargaison était un satellite de photographie.

Le vaisseau *Vostok 1*

Longue Marche 2C mesurait 35,1 m de long et 3,30 m de diamètre.

Youri Gagarine revint sur Terre dans la capsule de *Vostok 1* larguée en parachute à 7 000 m au-dessus du sol.

Le tout premier

Le premier homme dans l'espace fut le cosmonaute russe Youri Gagarine. Il décolla à bord de *Vostok 1* le 12 avril 1961 pour un vol de 108 minutes.

Environ 300 essais furent nécessaires pour mettre au point le moteur

Des types très différents

Il existe de nombreux types de fusées. Tous ne sont pas des lanceurs spatiaux.

 Les navettes réutilisables assurent le transport des équipages des stations spatiales.

 Les fusées *Saturne V* servirent au lancement de toutes les missions vers la Lune.

 Les fusées pyrotechniques sont tirées dans les feux d'artifice.

 Les fusées militaires sont utilisées depuis longtemps dans l'armement.

 Les fusées expérimentales servent à la recherche sur le vol en haute altitude à grande vitesse.

 Certains satellites disposent de petits moteurs-fusées pour se positionner, une fois en orbite.

Pour s'arracher à l'attraction terrestre, une fusée doit dépasser la vitesse de 11 km par seconde. C'est ce que l'on appelle la vitesse de libération.

Ariane V

Des tirs réguliers

De nos jours, les fusées comme *Ariane V* – on les appelle aussi lanceurs – servent à envoyer des satellites dans l'espace. C'est la taille du satellite qui détermine la taille de la fusée qui servira à le mettre sur orbite.

Les plus imposantes de toutes

Les fusées *Saturne V* furent les plus grosses et les plus puissantes jamais construites. Elles servirent à 13 reprises entre 1968 et 1972, notamment pour envoyer le premier homme sur la Lune.

Le réservoir principal du lanceur *Ariane V* renferme 25 tonnes d'hydrogène liquide. Les tubes de chaque côté sont des boosters à carburant solide qui apportent un supplément de poussée au décollage.

qui équipe le premier étage du lanceur européen *Ariane V*.

Le voyage vers la Lune

Durant les années 1960, une course s'engagea entre les États-Unis et l'ex-Union soviétique pour être les premiers sur la Lune. Ce furent les Américains qui la remportèrent lorsque *Apollo 11* y déposa les premiers astronautes en 1969.

La mission *Apollo 11* atteignit la Lune grâce à l'énorme fusée *Saturne V*. Sa majeure partie était occupée par le carburant. Les trois astronautes prenaient place dans une minuscule capsule au sommet du lanceur.

9 Les modules de commande et de service reviennent vers la Terre.

10 Le module de service est éjecté avant la rentrée dans l'atmosphère terrestre.

Le voyage retour

1 Cinq moteurs F1 propulsent la fusée *Saturne V* vers l'espace depuis le Centre spatial Kennedy.

11 Seul le module de commande revient sur Terre.

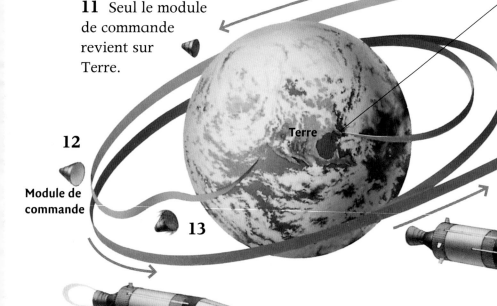

Le voyage aller

Terre

12

Module de commande

13

3 Les modules de commande et de service se séparent de la fusée et effectuent une rotation de 180°.

2 Les moteurs s'allument pour placer la fusée sur sa trajectoire vers la Lune.

Le module de service renfermait la réserve de carburant et les systèmes de survie.

La mission *Apollo 11*
Trois modules composaient le vaisseau spatial de la mission *Apollo 11* : le minuscule module de commande, le module de service et le module lunaire.

Pour en savoir plus
• Les fusées
  p. 30-31
• L'homme sur la Lune
  p. 34-35

6 Le voyage a duré 102 heures et 45 minutes. Le module lunaire est prêt à être largué vers la Lune.

5 Le reste de la fusée est largué tandis que les modules de commande, de service et le module lunaire poursuivent leur route vers la Lune.

Lune

7 Les modules de commande et de service restent en orbite autour de la Lune avec un homme à bord tandis que le module lunaire est largué. Les deux hommes à bord de ce dernier vont marcher sur la Lune.

8 Le module lunaire revient s'arrimer aux modules de commande et de service afin que les deux astronautes de retour de la Lune puissent revenir à bord. Puis le module lunaire est largué.

4 Les modules de commande et de service se raccrochent au module lunaire, resté attaché à la fusée.

L'aigle s'est posé

Le module lunaire (partie du vaisseau qui a atterri sur la Lune) avait été baptisé *Eagle* : l'« aigle », en anglais. Il toucha la surface de la Lune le 20 juillet 1969.

Les trois astronautes travaillaient et dormaient dans le module de commande.

Apollo 11

Le commandant de la mission, Neil Armstrong, qui pilotait le module lunaire, peina à trouver un site d'atterrissage adéquat. Il ne restait que 20 secondes de carburant lorsqu'il y parvint enfin.

ne parvint pas à destination à cause d'un accident qui obligea à écourter la mission.

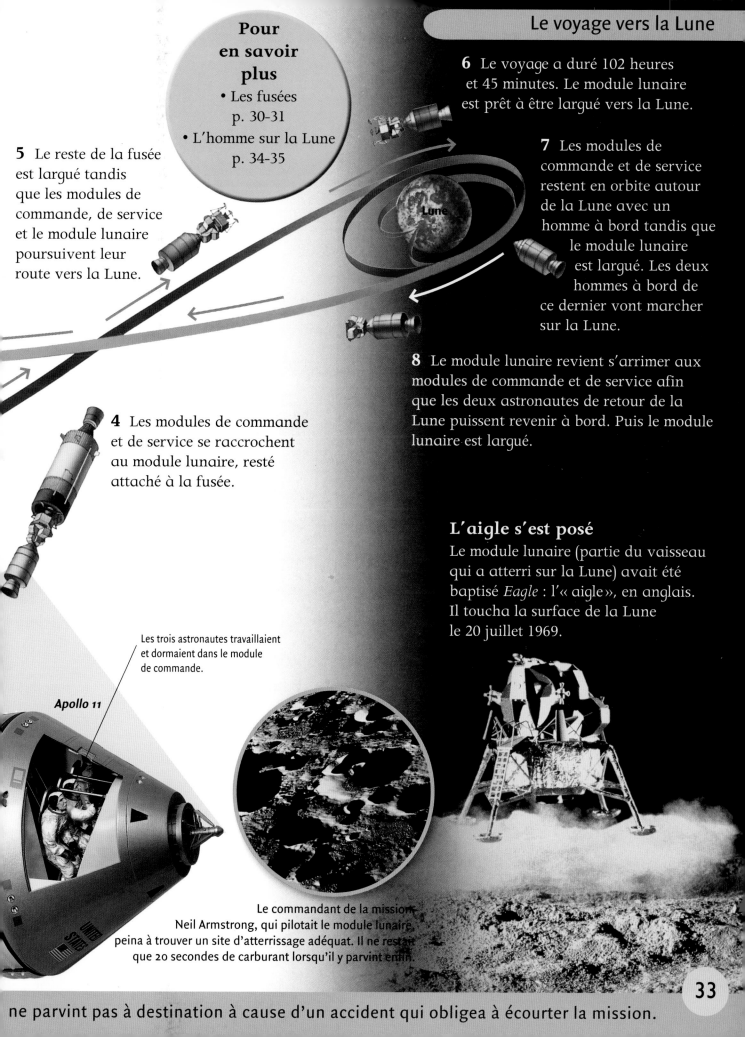

L'homme sur la Lune

Le 20 juillet 1969, Neil Armstrong, commandant de la mission *Apollo 11*, devint le premier homme à marcher à la surface de la Lune. Il y fut rejoint par Edwin Aldrin. Un troisième astronaute, Michael Collins, resta en orbite autour de la Lune à bord du module de commande et de service.

Incroyable mais vrai

Le moteur de descente du module lunaire d'*Apollo 11* s'alluma avec quelques dixièmes de secondes de retard entraînant le dépassement de 7 km du site d'alunissage prévu.

Le module lunaire était surnommé *Eagle*, l'« aigle ».

Activités lunaires

Armstrong et Aldrin passèrent près de 22 heures sur la Lune, dont environ 2h30 à l'extérieur à collecter des échantillons de roches et de sol, à mettre en place des expériences et à prendre des photos.

Poussière de Lune

Edwin Aldrin rapporta que le sol de la Lune n'avait pas d'équivalent sur Terre. Il dit qu'il était fait d'une fine poussière évoquant du talc, parsemée de cailloux et de roches.

Sur Terre, le ciel bleu est dû à la présence d'une atmosphère qui diffuse la lumière

Au clair de la Terre

C'est la Terre que les astronautes voyaient se lever au-dessus de l'horizon lunaire, apparaissant presque 4 fois plus grosse que la Lune dans le ciel terrestre.

Dialoguer sur la Lune

Même si leur voix pouvait franchir la barrière de leur scaphandre, les astronautes ne pourraient se parler directement dans l'espace car il n'y a pas d'air pour propager le son. Pour cela, ils utilisent la radio qui équipe leur casque.

Neil Armstrong

Un moyen de transport

Les trois dernières missions *Apollo* embarquèrent un petit véhicule électrique qui permit aux astronautes de pousser l'exploration à l'écart de leur site d'atterrissage. Ces véhicules furent laissés sur place au redécollage.

Cette antenne parabolique permettait aux astronautes d'envoyer des photos vers la Terre.

L'un des véhicules lunaires atteignit la vitesse record de 22 km/h.

Le plongeon final

Les astronautes revinrent sur Terre à bord du module de commande d'*Apollo 11*. Celui-ci tomba à travers l'atmosphère terrestre et amerrit dans l'océan Pacifique. Un flotteur circulaire lui permettait de se maintenir en surface.

solaire. Sur la Lune, le ciel reste noir parce que celle-ci ne possède pas d'atmosphère.

La navette spatiale

La première navette spatiale américaine fut lancée en avril 1981. Ce vaisseau en partie réutilisable a permis aux astronautes d'en apprendre énormément sur le travail dans l'espace.

Larguez les réservoirs !

Les boosters à poudre sont largués deux minutes après le lancement. Freinés par des parachutes, ils retombent dans l'océan où ils seront récupérés afin de resservir pour un prochain tir. Le réservoir extérieur, quant à lui, se sépare après huit minutes de vol et se désintègre en rentrant dans l'atmosphère.

Réservoir principal (externe)

L'orbiteur transporte cinq à sept membres d'équipage.

Assemblée pour la mise à feu

Au décollage, la navette est constituée de trois types d'éléments : l'orbiteur, qui est la partie en forme d'avion et la seule à se placer en orbite, un énorme réservoir extérieur de carburant, et deux boosters à poudre.

Près de 25 000 tuiles résistantes à la chaleur recouvrent l'orbiteur pour le protéger des très hautes températures qu'il rencontrera lors de sa rentrée dans l'atmosphère.

Discovery

Incroyable mais vrai

Des pics retardèrent le départ de la navette en 1995 parce qu'ils avaient fait des trous dans la mousse isolante du réservoir externe. Depuis, on utilise des chouettes en plastique pour effrayer les oiseaux.

Les moteurs de l'orbiteur ne sont mis en marche qu'une fois que celui-ci a atteint l'espace.

Les boosters à poudre sont disposés de chaque côté. Une fois allumés, ils ne peuvent pas être éteints : ils brûlent jusqu'à ce qu'ils soient à cours de carburant.

La navette met seulement un peu plus de huit minutes pour atteindre l'espace.

Portes ouvertes sur l'espace

Chaque orbiteur possède une soute assez vaste pour contenir un autobus. On y entrepose les satellites à placer en orbite, ainsi que les modules expérimentaux et les laboratoires spatiaux.

Les portes de la soute sont ouvertes une fois que la navette est en orbite.

La flotte de l'espace

Au total, cinq orbiteurs ont été construits par les Américains. Deux d'entre eux ont été perdus dans de tragiques accidents.

 Columbia effectua son premier vol en 1981. Elle se désintégra lors d'un retour de mission en 2003.

 Challenger explosa en vol en 1986, tout juste 73 secondes après son lancement.

 Discovery fit son premier vol en 1984. Elle effectua la 100e mission de la navette en l'an 2000.

 Atlantis fit son premier vol en 1985. Elle a accompli plus de 25 missions.

 Endeavour fut construite pour remplacer *Challenger*. Elle vola pour la première fois en 1992.

La navette *Endeavour* atterrissant à la base d'Edwards, en Californie, aux États-Unis.

Atterrissage en douceur

Les navettes rentrent dans l'atmosphère le ventre en avant. Une fois qu'elles ont atteint le sol, elles libèrent un parachute de queue de 12 m de diamètre pour les aider à ralentir.

La navette du futur

La NASA travaille actuellement à un projet de nouvel orbiteur, le véhicule d'exploration habité *Orion*. Il atteindra l'espace sur un lanceur *Ares 1*, emportant à son bord jusqu'à six astronautes à chaque mission.

Module de commande

Module de service

Lanceur Ares 1

37

En orbite, elle atteint la vitesse de 28 800 km/h.

Les stations spatiales

Vivre à 380 km d'altitude, assister à un lever et un coucher de Soleil toutes les 45 minutes, envoyer ses vêtements sales brûler dans l'atmosphère plutôt que de les laver, ne jamais savoir où est le sol ni le plafond sont quelques détails qui marquent la vie en orbite dans l'espace. Bienvenue à bord d'une station spatiale !

Les premiers projets

Les idées de stations spatiales ont vu le jour bien avant qu'elles ne deviennent une réalité. Dans les années 1950, un projet en forme de grande roue de 76 m de diamètre fut proposé par Wernher von Braun, le concepteur des fusées qui emmenèrent l'homme sur la Lune.

Les stations spatiales

Dix stations spatiales ont vu le jour depuis 1971. En voici quelques-unes.

Salyout 1, lancée en 1971 par l'Union soviétique, resta en orbite 175 jours, dont 24 occupés par l'homme.

Salyout 7, lancée en 1982 par l'Union soviétique, resta en orbite 3 216 jours, dont 816 occupés par l'homme.

Skylab, lancée en mai 1973 par les États-Unis. Elle se désintégra en 1979.

Mir, construction commencée dans l'espace par l'Union soviétique en 1986. Elle retomba dans l'atmosphère en mars 2001.

Une brève histoire

La première station spatiale de l'histoire fut lancée en 1971. Depuis, plusieurs autres ont été placées en orbite autour de la Terre. La plus grande de toutes, la Station spatiale internationale (ISS), a été construite grâce à la collaboration de 16 pays. Elle est occupée en permanence depuis l'année 2000.

Depuis 1961, plus de 400 personnes sont allés dans l'espace. La plupart sont

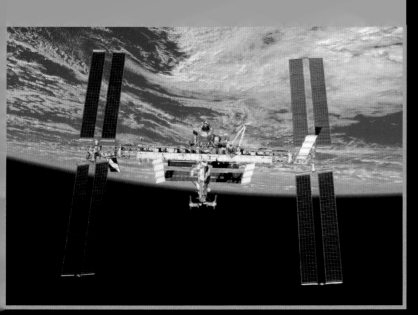

L'ISS s'agrandit sans cesse à mesure que des modules lui sont ajoutés.
Cette photographie a été prise en 2007.

Qu'est-ce qu'une station spatiale?

C'est un laboratoire de l'espace en orbite autour de la Terre, maintenu en fonction par des équipages d'astronautes qui se succèdent à son bord pour y vivre et travailler. Chaque équipage y reste plusieurs semaines ou plusieurs mois d'affilée. Le record de durée est détenu par l'astronaute russe Valeri Poliakov qui a vécu dans l'espace 438 jours à bord de *Mir* : plus d'une année en orbite.

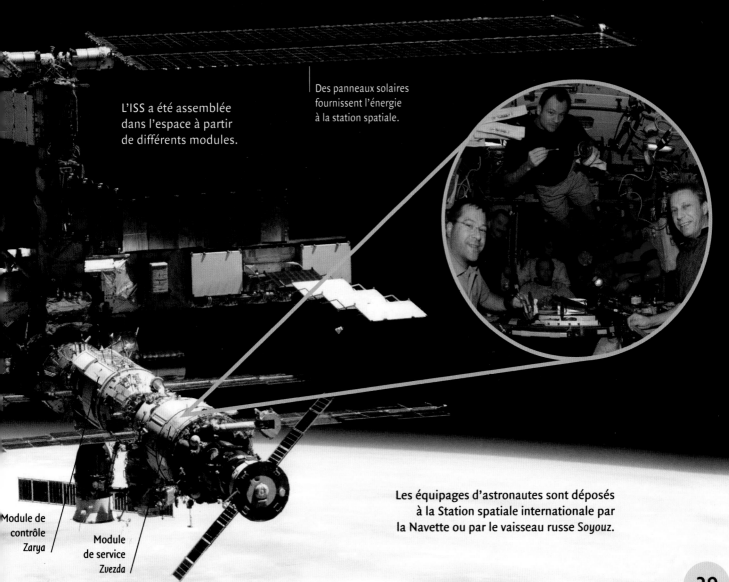

L'ISS a été assemblée dans l'espace à partir de différents modules.

Des panneaux solaires fournissent l'énergie à la station spatiale.

Module de contrôle Zarya

Module de service Zvezda

Les équipages d'astronautes sont déposés à la Station spatiale internationale par la Navette ou par le vaisseau russe *Soyouz*.

des hommes mais de nombreuses femmes ont fait partie des équipages de la Navette.

Vivre dans l'espace

Dormir dans un lit fixé au mur, faire sa toilette avec des lingettes, maintenir ses pieds à l'aide de sangles, se laver les dents avec du dentifrice à manger… Décidément, la vie dans une station spatiale n'a rien de très commun avec la vie terrestre.

Vie ordinaire, conditions extraordinaires

Les astronautes ont les mêmes besoins dans l'espace qu'à Terre. Ils doivent manger, faire de l'exercice, dormir, travailler, se détendre, mais tout cela dans un milieu dépourvu de gravité.

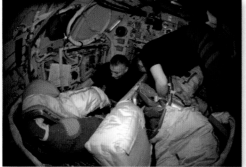

Pas facile de ranger d'encombrants scaphandres en état d'impesanteur!

Les nouveaux arrivants

Lorsque les astronautes s'installent dans une station spatiale, ils apportent avec eux provisions et bagages. Mais déballer ses valises lorsqu'on flotte dans les airs n'est pas chose aisée!

Incroyable mais vrai

Certains astronautes de retour de mission souffrent de problèmes auditifs passagers. Les filtres à air, ventilateurs et pompes de toutes sortes tournant en permanence font d'une station spatiale un lieu très bruyant.

Pour garder la forme

Les muscles ne fonctionnent pas beaucoup en état d'impesanteur et perdent donc rapidement de leur force. C'est pourquoi les astronautes doivent faire de l'exercice environ deux heures par jour. Cette athlète a couru l'équivalent d'un marathon sur l'exerciseur de la Station spatiale internationale.

Les astronautes grandissent de plusieurs centimètres lors d'un séjour spatial

Un temps pour travailler...

Des scientifiques se joignent régulièrement aux astronautes de la station spatiale pour effectuer diverses expériences et enregistrer les résultats.

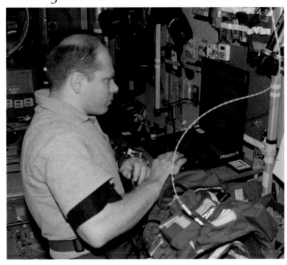

Un bon repas

Les aliments sont fournis en sacs hermétiquement scellés et la plupart sont déshydratés. Cela signifie qu'il faut leur ajouter de l'eau pour pouvoir les manger.

...un temps pour dormir

La plupart des membres d'équipage utilisent des sacs de couchage qui doivent être sanglés aux murs de la station spatiale. Le sac doit maintenir également les bras en place, sans quoi, ils pourraient flotter en tout sens au-dessus de leur tête.

Un shampooing dans l'espace, c'est possible mais c'est rare !

Rester propre en orbite

Les astronautes utilisent des peignes, des brosses à dents et du dentifrice. Mais le dentifrice ne mousse pas et doit être avalé. Les lingettes permettent de rapides toilettes.

41

de longue durée. Ils reprennent leur taille normale à leur retour sur Terre.

Travailler dans l'espace

La Station spatiale internationale (ISS) vue de la navette *Discovery*

Visser un boulon ou marteler sont des tâches ordinaires sur un site de construction. Mais lorsque le chantier flotte dans l'espace à des centaines de kilomètres de la surface terrestre, les choses sont un peu plus compliquées. Les astronautes qui réparent un satellite ou assemblent une station spatiale doivent faire face à des conditions de travail pour le moins inhabituelles.

Illustration d'un lever de Soleil vu de l'espace

Quelle chaleur!

En orbite, la puissance des rayons solaires échauffe fortement les astronautes. Et, curieusement, dans l'espace où il fait si froid, il est difficile de perdre la chaleur accumulée. C'est pourquoi les scaphandres comportent une unité de réfrigération.

Une sortie dans l'espace peut durer plusieurs heures d'affilée. Cet astronaute travaille sur le bras robotisé de la station.

Incroyable mais vrai

Des microdébris spatiaux peuvent heurter les astronautes en sortie extravéhiculaire. C'est pourquoi leurs scaphandres sont doublés de plusieurs couches de fibres résistantes aux impacts et aux perforations.

Entre 1998 et 2005, plus de 60 sorties dans l'espace ont été effectuées sur la Station spatiale internationale, à chaque fois par deux astronautes.

Durant les sorties, les astronautes sont assurés par une longe qui les empêche

Une sortie historique

La première sortie dans l'espace de l'histoire fut effectuée par l'astronaute soviétique Alexei Leonov e 18 mars 1965. Il fut bientôt suivi par l'Américain Edward White le 3 juin 1965.

Edward White fut le premier Américain à marcher dans l'espace.

Alexei Leonov devint célèbre dans le monde entier.

Pas de précipitation

Les astronautes au travail doivent effectuer leurs gestes plus lentement que sur Terre. En effet, en impesanteur, s'ils vissent un boulon trop rapidement, c'est eux qui se mettent à tourner en sens inverse par effet de réaction.

Des outils de grand format

Les mouvements des mains sont difficiles dans les gants épais qui équipent les scaphandres. C'est pourquoi les outils de l'espace sont de grandes dimensions afin que les astronautes puissent les saisir sans difficultés. Ils doivent également être attachés au scaphandre pour ne pas partir à la dérive dans le vide.

de partir à la dérive. Ils peuvent aussi se déplacer grâce à de petits propulseurs.

Les satellites artificiels

Un satellite est un objet, naturel ou fabriqué par l'homme, en orbite autour d'un objet plus gros que lui. Ainsi, la Lune est le satellite naturel de la Terre, mais des milliers de satellites artificiels tournent également autour de notre planète.

Le mot « satellite » dérive du latin *satelles*, qui signifie « escorteur ».

Ce satellite ne pouvait fonctionner à cause d'un lancement défectueux qui l'avait positionné trop près de la Terre. Des astronautes de la Navette lui adaptèrent un moteur-fusée pour le replacer sur une orbite correcte.

Telstar relaya le premier signal de télévision par satellite en 1962.

Les antennes paraboliques domestiques reçoivent les signaux envoyés par des satellites de télévision.

Des débris dans l'espace

Des milliers de satellites artificiels en activité sont actuellement en orbite autour de la Terre, mais beaucoup d'autres ne fonctionnent plus et continuent de tourner. On trouve aussi de nombreux morceaux de toutes tailles provenant de fusées et de satellites disloqués et qui constituent un danger pour la navigation spatiale.

Le premier satellite artificiel fut lancé par l'Union soviétique le 4 octobre 1957.

De grandes antennes paraboliques captent les signaux émis par les satellites en orbite autour de la Terre. Elles pivotent sur elles-mêmes pour suivre un satellite dans sa course à travers le ciel.

Des usages très variés

La plupart des satellites artificiels sont des satellites de communication servant aux liaisons téléphoniques, à la télévision en direct et aux réseaux informatiques. D'autres assurent des fonctions diverses, telles que le guidage des avions et des bateaux et les prévisions météorologiques.

Charge solaire

De nombreux satellites disposent d'immenses panneaux qui collectent le rayonnement solaire. Ils transforment ce dernier en électricité pour recharger les batteries embarquées qui alimentent l'appareil.

Les satellites météorologiques photographient la Terre pour identifier et suivre les nuages et mesurer les températures du sol et des océans.

Un catalogue des satellites

Il existe de nombreux types différents de satellites.

 Les satellites de communication captent les signaux radio en provenance d'une région et les redirigent vers d'autres endroits du monde. Ils nous permettent d'être en contact avec la planète tout entière.

 Les satellites de ressources relèvent des données liées aux ressources naturelles de la Terre. Elles servent aux scientifiques à dresser des cartes des gisements de pétrole, par exemple.

 Les satellites de navigation sont utilisés par les pilotes et les navigateurs pour établir leur position à la surface de la planète. En cas d'urgence, ils peuvent aussi transmettre des signaux de détresse.

 Les satellites militaires servent à la navigation et aux communications des forces armées, ainsi que pour l'espionnage en réalisant des photos de surveillance et en interceptant des transmissions radio.

 Les satellites scientifiques servent aux chercheurs pour étudier des objets célestes tels que les planètes, le Soleil, les étoiles, ainsi que les astéroïdes, les comètes, les trous noirs, etc.

 Les satellites météorologiques permettent aux scientifiques d'étudier le temps. Comme les satellites de ressources, ils sont équipés de caméras et travaillent de façon similaire.

Il faisait le tour de la Terre en 96 minutes en émettant un « bip-bip » caractéristique.

L'exploration de Mars

La planète Mars est froide, nue et poussiéreuse, mais elle présente de nombreux intérêts. Plusieurs sondes spatiales se sont approchées et placées en orbite autour d'elle. D'autres se sont posées à sa surface. Il se pourrait qu'un jour, l'homme aille y construire des bases.

Pourquoi étudier Mars

À une certaine période de son histoire, il est possible que la vie ait existé sur Mars. Bien que deux fois plus petite que la Terre, cette planète présente des calottes polaires, des nuages et des phénomènes climatiques. Elle porte même des volcans jadis actifs. L'étude de Mars peut nous aider à mieux comprendre notre propre planète.

À la surface nue de Mars, le véhicule robotisé *Sojourner* examine un rocher baptisé « Yogi ».

Les missions d'exploration

Plusieurs missions se sont succédé pour étudier la planète Mars.

 En 1971, deux sondes, *Mars 2* et *Mars 3*, furent lancées vers Mars, mais leurs atterrisseurs n'ont pas fonctionné.

 En 1976, les deux sondes *Viking* se posèrent sur Mars pour y rechercher des signes de présence de vie… sans résultats positifs.

 En 1996, *Mars Global Surveyor* fut lancée. Elle mena à bien sa première mission, mais on perdit plus tard le contact avec elle.

 En 1997, *Pathfinder* atterrit sur Mars et libéra un petit véhicule robotisé baptisé *Sojourner*.

 En 1999, la mission *Mars Polar Lander* fut un échec, les communications ayant été rompues avec l'atterrisseur.

La planète rouge

Les sondes qui ont atterri sur Mars et l'ont visitée ont pris de nombreuses photos de sa surface. Celle-ci présente un sol riche en fer, ce qui donne à Mars une couleur rouge, comme l'oxyde de fer (la rouille) sur Terre.

Prévus pour fonctionner trois mois, *Spirit* et *Opportunity* sont encore en activité plus

Les recherches en cours

Actuellement, deux véhicules robotisés (ou rovers), *Spirit* et *Opportunity*, continuent d'explorer la surface martienne depuis qu'ils s'y sont posés en 2004. Ils ont déjà envoyé vers la Terre une profusion de données, notamment de nombreuses preuves qu'il y a eu jadis de l'eau liquide sur Mars.

Des caméras montées sur un mât fournissent aux chercheurs des vues panoramiques de la surface martienne.

Le rover *Spirit* de la NASA

Le rover est alimenté par des panneaux solaires.

Cette image montre un trou de 9 mm dans la surface de Mars percé et photographié par *Spirit*.

L'avenir sur Mars

Les chercheurs sont sans cesse à la recherche de moyens de percer les secrets de la Planète rouge. Parmi ceux-ci, figure un avion qui pourrait survoler sa surface (ci-dessus à gauche) et une sonde thermique capable de pénétrer sa calotte polaire (ci-dessus à droite).

Pour évaluer les possibilités d'une colonie spatiale, huit scientifiques ont vécu dans un dôme fermé, *Biosphère II*, durant deux ans au début des années 1990.

Vivre sur Mars

Si nous établissons une base sur Mars, elle devra être totalement isolée afin de protéger les habitants de l'atmosphère martienne et des radiations solaires. On voit ci-dessous une illustration de ce à quoi pourrait ressembler une base sur la Planète rouge.

de trois ans après leur arrivée et leur mission pourrait être prolongée jusqu'en 2009.

Le voyage vers les étoiles

Longtemps avant le lancement de la première fusée, l'homme a imaginé d'atteindre d'autres systèmes d'étoiles dans l'espoir d'y découvrir de nouvelles planètes. Le voyage «interstellaire» (entre les étoiles) pourrait un jour devenir une réalité. Mais les difficultés qu'il pose sont énormes.

Le problème majeur : la distance

Le plus rapide des vaisseaux spatiaux actuels se déplace à une vitesse maximale très inférieure à un millième de la vitesse de la lumière. Compte tenu de l'immensité de l'espace, c'est incroyablement lent. Si nous voulons partir vers les étoiles, il nous faudra mettre au point des vaisseaux plus rapides.

Un vieux rêve

Un physicien russe du nom de Tsiolkovsky avait imaginé un vaisseau spatial longtemps avant le premier voyage dans l'espace.

Reproduction de 1903 du vaisseau futuriste de Tsiolkovsky

Incroyable mais vrai

Dédale serait incapable de s'arrêter près de l'Étoile de Barnard, car le freinage consommerait autant de carburant que l'accélération. Il ne ferait que passer aux abords en prenant des photos et des mesures.

Le projet *Dédale* était conçu comme une sonde inhabitée. Il devait voyager à 12 % de la vitesse de la lumière et atteindre l'Étoile de Barnard en 50 années.

Un projet ancien

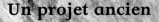

Une étude sur les possibilités de mettre au point un vaisseau interstellaire fut réalisée dans les années 1970. L'idée était une mission visant à atteindre l'Étoile de Barnard, située à près de six années-lumière de la Terre. Le vaisseau proposé fut baptisé *Dédale*.

Le voyage interstellaire est encore actuellement un projet hypothétique et lointain.

Le vaisseau *Enterprise* utilise les courbures spatio-temporelles pour voyager plus vite que la lumière.

Dans l'imaginaire

De nombreux vaisseaux interstellaires ont déjà vu le jour… dans les livres et les films de science-fiction. L'un des plus célèbres est le vaisseau *Enterprise*, de la série *Star Trek*.

Existe-t-il d'autres moyens?

Récemment, les scientifiques ont envisagé la possibilité d'utiliser une voile solaire propulsée par rayon laser pour permettre le voyage interstellaire. La voile, poussée par la force de la lumière venant la frapper, devrait être très grande afin de recueillir suffisamment d'énergie pour entraîner le vaisseau. Celui-ci serait activé par de puissants rayons lasers orientés vers la voile recouverte de miroirs.

Dans la réalité

La Lune est située à seulement 1,25 seconde-lumière de la Terre. Nos fusées ont mis trois jours pour l'atteindre. Le vaisseau le plus rapide jamais construit, *Hélios 2*, mettrait quelque 19 000 ans pour rejoindre l'étoile la plus proche du Soleil, Proxima du Centaure (située à 4.22 années-lumière).

En termes de voyage spatial, la Terre est très éloignée de ses voisines.

Le voyage intergalactique (entre galaxies) reste, quant à lui, du domaine du rêve.

Une étoile, un système

Notre Soleil est une étoile. Sa gravité maintient captifs un certain nombre d'objets qui évoluent en orbite autour de lui. Cet ensemble est appelé « système solaire ». Il est composé du Soleil lui-même, des huit planètes, des planètes naines, de plus de cent satellites naturels et d'une myriade de comètes, astéroïdes et autres roches et poussières spatiales.

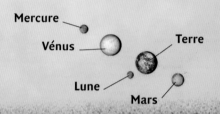

Mercure
Vénus
Terre
Lune
Mars

Les planètes intérieures

La ceinture d'astéroïdes, composée de millions de corps rocheux, tourne autour du Soleil. Mercure, Vénus, la Terre et Mars sont situées du côté interne de la ceinture d'astéroïdes.

Des noms vénérés

La plupart des planètes ont reçu le nom de dieux romains. **Mercure** a pris celui du messager ailé des dieux car elle semble se déplacer rapidement dans le ciel. **Vénus** a reçu le nom de la déesse de l'amour car c'est la plus brillante et l'une des planètes les plus attrayantes. **Mars** a pris le nom du dieu de la guerre à cause de sa couleur rouge comme le sang. **Jupiter** s'est vue attribuer celui du dieu des dieux car c'est la plus grosse des planètes. **Saturne** est, dans la mythologie, le père de Jupiter et le dieu de l'agriculture, **Uranus** le dieu du ciel. **Neptune**, enfin, doit à sa couleur bleue son nom emprunté au dieu romain de la mer.

Jupiter

Jupiter compte 63 satellites naturels. Les quatre plus gros (Ganymède, Callisto, Io, et Europe) peuvent être observés avec une simple paire de jumelles.

Les planètes sont en orbite autour du Soleil et en rotation sur elles-mêmes.

Les planètes extérieure

Les planètes situées du côté externe de la ceintur d'astéroïdes sont Jupiter, Saturne, Uranus et Neptune Pluton était, il y a peu de temps encore, considérée comm la planète la plus lointaine, mais elle ne répond plu à la nouvelle définition retenue pour les planète (voir page ci-contre)

Depuis que Pluton a été rayée du rang des planètes, c'est Mercure,

Qu'est-ce qu'une planète ?

Pour être considéré comme une planète, un objet céleste
doit remplir un certain nombre de conditions.

 Il doit être en orbite autour
d'une étoile, comme la
Terre autour du Soleil.

 En attirant les objets en
orbite proche, il doit avoir
nettoyé son voisinage
(ce que Pluton n'a pas fait).

 Il doit être assez gros
pour que sa gravité le
maintienne sous la forme
d'une sphère.

 Il ne doit pas être lui-même
un satellite (comme, par
exemple, la Lune avec
la Terre).

Qu'est-ce que c'est ?

Les images ci-dessous
sont des portions de photos
figurant dans le chapitre
« Le système solaire ».
De quelles photos s'agit-il ?

(Réponses p. 124)

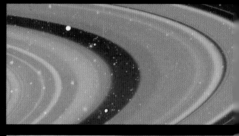

...us les quinze
...s, Saturne se
...ésente de profil
... ses anneaux
...mblent réduits.

Saturne

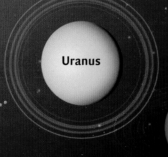

Uranus

Neptune

Pour en savoir plus

• Les éclipses de Soleil
p. 54-55
• Vénus, l'Étoile
du berger
p. 58-59

5

la plus proche du Soleil, qui est devenue la plus petite planète du système solaire.

Le Soleil

La Terre est en orbite autour du Soleil ; ce dernier est donc l'étoile la plus proche de notre planète. Comme toutes les étoiles, c'est une énorme boule de gaz brûlants, sans cesse alimentée par des réactions de fusion nucléaire. Sans lui, notre planète serait totalement dépourvue de vie.

Le Soleil est blanc. On le voit lorsqu'il se reflète dans l'eau. Il ne faut jamais regarder le Soleil directement.

Les voiles de lumière fantomatique d'une aurore boréale illuminent le ciel aux abords de la zone polaire.

Une très longue vie

Le Soleil s'est formé il y a un peu moins de cinq milliards d'années. Bien qu'il brûle quatre millions de tonnes de son carburant nucléaire par seconde, il est tellement gros qu va continuer de brûler pendant enco cinq milliards d'années

Le vent solaire

Le Soleil nous envoie en permanence un flot de particules invisibles appelé le vent solaire. Capturé par le champ magnétique de la Terre, celui-ci peut donner naissance, dans le ciel des pôles, à d'étonnants voiles colorés appelés aurores boréales ou australes.

La recherche

Plusieurs sondes spatiales ont été créées pour l'étude du Soleil.

Ulysse a été lancé en 1990 pour étudier les régions polaires du Soleil.

SOHO a été lancé en 1995 pour observer le Soleil et son activité.

TRACE a été lancé en 1998 pour étudier l'atmosphère du Soleil.

Point chauds et taches

Sur les images en fausses couleurs (voir page ci-contre) de la surface du Soleil, les régions blanches indiquent des endroits où la température est plus élevée qu'ailleurs. Des zones plus froides, plus sombres, appelées taches solaires, se forment aussi.

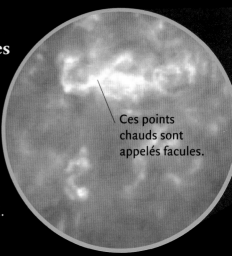

Ces points chauds sont appelés facules.

Corps non solide, le Soleil tourne sur lui-même mais pas partout à la même vitesse.

**Taille de la Terre
comparée au Soleil**

Le Soleil est blanc mais les images
en fausses couleurs comme celle-ci
permettent aux astronomes d'identifier
différentes structures à sa surface.

Le Soleil est situé
à environ 150 millions
de kilomètres de la Terre.
Sa lumière et sa chaleur
mettent huit minutes
environ à nous parvenir.

La plupart des
protubérances
solaires ne durent
que quelques
minutes.

Les protubérances solaires

Des jets de gaz très chauds, appelés
protubérances, sont parfois projetés depuis
la surface du Soleil. En formes d'immenses arcs
ou boucles, elles peuvent atteindre des dizaines
de milliers de kilomètres de longueur.

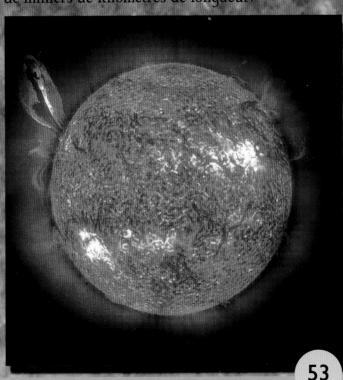

Il fait un tour complet en 27 jours dans sa zone équatoriale, et en 34 jours aux pôles.

Les éclipses de Soleil

Par une belle journée ensoleillée, le Soleil se voile
soudain et la pénombre tombe sur la Terre.
Il fait plus sombre que lorsque des nuages bouchent
le ciel : la lumière s'atténue
complètement et, pendant
un certain temps, le
jour se transforme
en nuit. C'est
une éclipse
de Soleil.

La lumière
diffusant autour
est celle de la
couronne solaire.

Assister à une éclipse
totale est une chance.
Il faut attendre 370 ans
en moyenne pour en
voir deux semblables
au même endroit.

Le Soleil est totalement
recouvert par la Lune.

Quel est ce phénomène ?

Une éclipse de Soleil se produit
lorsque la Lune passe entre le Soleil
et la Terre. Elle masque alors plus ou
moins les rayons solaires atteignant notre planète.
Au centre de la zone d'ombre qu'elle produit,
la nuit tombe temporairement en plein milieu
de la journée.

La zone située au centre de
l'ombre de la Lune connaît
une éclipse totale.

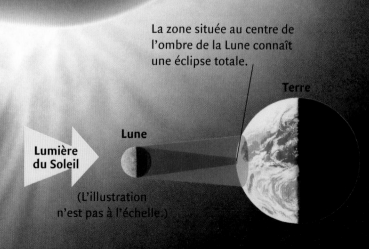

Terre

Lumière
du Soleil

Lune

(L'illustration
n'est pas à l'échelle.)

L'ombre portée de la Lune balaie la surface du globe terrestre à 1 600 km/h

Les phases d'une éclipse solaire

Sur des photos prises à intervalles réguliers, on voit la Lune recouvrir progressivement le Soleil. Dans une éclipse totale, le disque solaire finit par être entièrement recouvert : on appelle ce moment, qui peut durer jusqu'à 7 min 31 s, la phase de totalité. Durant cette phase, l'atmosphère externe du Soleil, appelée couronne, habituellement invisible, devient observable.

La Lune met environ une heure à recouvrir entièrement le disque solaire.

Lorsque l'éclipse est totale, la couronne lumineuse du Soleil apparaît.

L'anneau de diamant

Juste avant que le Soleil ne disparaisse totalement derrière la Lune, sa lumière passe encore au ras du disque, formant ce que l'on appelle l'anneau de diamant. Par endroits, quelques rais de lumière s'insinuent entre les montagnes de la surface de la Lune, formant des chapelets de points lumineux sur l'anneau.

L'effet de l'anneau de diamant ne dure que quelques secondes.

Prévoir les éclipses

Les éclipses solaires se produisent à peu près tous les 15 mois. Elles sont tout à fait prévisibles et les cartes comme celle-ci indiquent leur tracé à la surface de la Terre. L'ombre d'une éclipse totale décrit un parcours étroit qui se porte souvent sur de vastes zones d'océan, de sorte qu'elle est rarement observée, sauf si l'on se trouve sur un bateau au bon endroit.

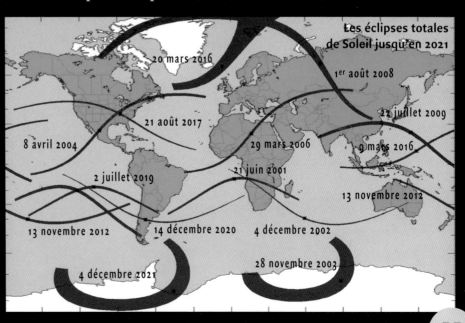

Les éclipses totales de Soleil jusqu'en 2021

20 mars 2016
1er août 2008
21 août 2017
22 juillet 2009
8 avril 2004
29 mars 2006
9 mars 2016
2 juillet 2019
21 juin 2001
13 novembre 2012
13 novembre 2012
14 décembre 2020
4 décembre 2002
28 novembre 2003
4 décembre 2021

près de l'équateur. Plus on remonte vers les pôles, plus cette vitesse augmente.

Mercure

Mercure est la planète la pus proche du Soleil et elle est beaucoup plus petite que la Terre. Les journées y sont brûlantes alors que les nuits sont glaciales. La planète a une atmosphère beaucoup trop ténue pour retenir et réguler la chaleur du Soleil.

Mercure met 88 jours à faire le tour complet du Soleil. C'est l'année la plus courte de toutes les planètes du système solaire.

Cartographie planétaire

En 1974 et 1975, la sonde spatiale *Mariner 10* s'approcha à 327 km de la surface de Mercure. Elle réalisa des centaines de photographies, couvrant près de la moitié de la superficie de la planète.

Une cible facile

Mariner 10 fournit des gros plans de Mercure qui montraient une surface fortement marquée par les cratères. Un peu comme la Lune, cette planète a été battue par les comètes et les météorites, en partie parce qu'elle ne possède pas d'atmosphère protectrice dans laquelle les météorites se consument.

Incroyable mais vrai

L'un des cratères de Mercure, le Bassin de Caloris, est si vaste que la France tiendrait dedans sans difficulté. Il mesure en effet 1 300 km de diamètre et est entouré de montagnes qui s'élèvent à 2 000 m d'altitude.

Bon nombre des cratères de Mercure ont reçu le nom de peintres, d'auteurs et de musiciens célèbres. On y rencontre ainsi Mozart, Beethoven, Michelange, Bach, etc.

Sur Mercure, la rotation de la planète sur elle-même, combinée à sa révolution autour

Chauffée au rouge

Sur la face de Mercure exposée au Soleil, les températures peuvent atteindre 425 °C, une chaleur suffisante pour faire fondre le plomb. Mercure est la planète la plus chaude après Vénus.

Image de Mercure reconstituée par l'assemblage des photos prises par *Mariner 10*

Carte de températures de Mercure – le rouge indique où il fait le plus chaud.

Une petite planète

Mercure est la plus petite des planètes du système solaire. Pluton, qui est encore plus petite qu'elle, n'est plus considérée aujourd'hui comme une planète mais comme une planète naine.

Coupe de Mercure montrant son noyau en fusion

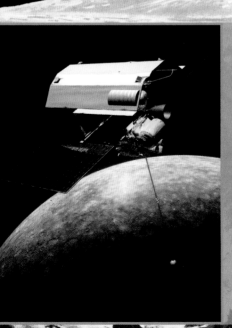

Un long voyage

Lancée en 2004, la sonde spatiale *Messenger* a mis le cap sur Mercure. Son objectif : atteindre la planète en 2008, effectuer trois passages à proximité, puis entrer dans son orbite en 2011. À si faible distance du Soleil, le bouclier thermique de *Messenger* s'élèvera à 370 °C.

du Soleil, fait que les journées durent 176 jours : deux fois plus de temps que l'année.

Vénus, l'Étoile du berger

Le nom de la déesse de l'amour, un surnom poétique… Vue de la Terre, Vénus semble placée sous le signe du charme. Mais le charme s'arrête là car cette planète est un monde hostile où l'homme serait écrasé en un instant par la pression et ses restes brûlés sur place. Cette planète nue est couverte de nuages acides et possède une atmosphère incroyablement dense.

Depuis la Terre, Vénus est plus facile à voir lorsqu'elle se trouve aux points les plus éloignés du Soleil sur son orbite.

Vénus

Comment la repérer

Vénus est la planète la plus brillante. Elle est visible dans le ciel au petit matin ou tôt en soirée, selon sa position sur son orbite autour du Soleil. On la surnomme l'Étoile du berger parce qu'elle apparaît à l'heure de sortir ou de rentrer les moutons.

Une masse de nuages

La couche de nuages qui enveloppe Vénus est trop épaisse pour laisser les rayons du Soleil la pénétrer en abondance. En revanche, elle réfléchit beaucoup de lumière. En fait, Vénus est l'objet le plus lumineux de notre ciel nocturne après la Lune.

Voici à quoi ressemblerait Vénus sans sa couverture nuageuse.

Des nuages au sommet sombre (accentués sur ce dessin), dus à des composés chimiques dans l'atmosphère, tournent tout autour de la planète.

58

Vénus est la planète la plus semblable à la Terre du point de vue de la taille.

La surface de Vénus

Cette image en fausses couleurs de Vénus a été créée à partir de données récoltées par les sondes spatiales, notamment *Magellan*, dont la mission se déroula entre 1989 et 1992. Les zones bleues représentent d'immenses plaines de lave solide. Les zones blanches, vertes et brunes sont des reliefs : collines, montagnes, volcans et vallées s'y succèdent.

Pour en savoir plus

• Mars, la planète rouge p. 64-65
• Saturne et ses anneaux p. 70-71

Vénus a des journées très longues car elle met 243 fois plus de temps que la Terre à tourner sur son axe.

Vénus tourne en sens inverse de la Terre : à sa surface, le Soleil se lève à l'ouest et se couche à l'est.

La température sur Vénus est d'environ 482 °C.

Le paysage vénusien

Cette vue du mont Maat, le plus grand volcan de la planète Vénus, montre une surface extrêmement rocheuse. Le volcan a été représenté ici plus haut qu'il ne l'est en réalité afin d'amplifier les détails de ses pentes et les rendre bien visibles. Son nom est celui de la déesse égyptienne de la paix, de la justice et de la vérité.

Son diamètre fait seulement 650 km de moins que celui de notre planète.

Troisième rocher après le Soleil

Cela pourrait être l'adresse de notre planète, la seule de tout le système solaire capable d'abriter la vie telle que nous la connaissons. Ni trop proche, ni trop éloignée du Soleil, la Terre présente, à sa surface, une gamme de températures qui permet à l'eau d'exister sous forme liquide.

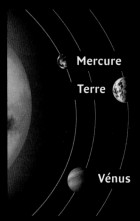

Mercure

Terre

Vénus

La Terre est la troisième planète rencontrée à partir du Soleil. Elle met 365,25 jours pour faire un tour complet sur son orbite.

Un grand bol d'air
Toutes les planètes ont une atmosphère plus ou moins dense composée de gaz. Celle de la Terre est essentiellement faite d'azote et d'oxygène, avec des traces de dioxyde de carbone (ou gaz carbonique) et quelques autres gaz rares.

Une couverture chaude et isolante
L'atmosphère terrestre et les océans jouent un rôle essentiel dans le maintien de la température à la surface du globe. Ils absorbent la chaleur du Soleil et la redistribuent tout autour de la planète. Cela contribue aussi à maintenir des températures compatibles avec le maintien de la vie.

Sur ce globe, les zones chaudes des océans ont été colorées en rouge, les régions plus froides en bleu.

La Terre est une planète faite de roches solides, comme les autres planètes intérieures,

Comme un oignon, la Terre est faite de couches superposées. Elles sont de plus en plus chaudes à mesure qu'on s'enfonce vers le cœur.

Une croûte mouvante

La couche de surface de la Terre, appelée croûte, est une sorte de coquille de roches solides. Elle est divisée en plusieurs plaques qui se heurtent, se frottent et se repoussent constamment les unes les autres. Ces plaques flottent sur une couche intermédiaire composée de roche fondue liquide. Le noyau de la Terre, quant à lui, est solide.

Les plaques de la croûte terrestre

Régions à risques

Les secteurs où les plaques de la croûte terrestre se rencontrent, se heurtent, se frottent ou passent les unes sous les autres sont souvent des points faibles de la surface de la planète. Les volcans y sont nombreux et les tremblements de terre fréquents.

La Terre tourne constamment sur elle-même. Elle effectue un tour complet en 24 heures.

Les volcans sont nombreux dans les secteurs où une plaque de la croûte terrestre passe sous une autre.

La Terre est entourée d'un mince halo : sa précieuse atmosphère.

La Terre est la seule planète du système solaire dotée d'une atmosphère que les animaux et les plantes peuvent respirer.

Pour en savoir plus
• Où commence l'espace ? p. 6-7
• Notre place dans l'espace p. 14-15

Mercure, Vénus et Mars. Les planètes extérieures, quant à elles, sont composées de gaz.

La Lune

La Terre possède un satellite naturel : la Lune.
Bien qu'elle ne produise pas elle-même de lumière,
la Lune est l'objet le plus brillant du ciel nocturne.
C'est un astre désolé dont la surface est dépourvue
d'eau, de végétation, d'air et donc de vie.

La face de la Lune visible de la Terre
n'est pas toujours entièrement
éclairée par le Soleil. C'est pourquo
nous n'en voyons souvent qu'une
portion en forme de quartier
ou de disque incomplet.

Une ronde éternelle

La Lune met un peu plus de 27 jours pour effectuer, sur son orbite,
un tour complet de la Terre. Exactement dans le même temps,
elle effectue aussi un tour complet sur elle-même. C'est pourquoi
elle nous présente toujours la même face.

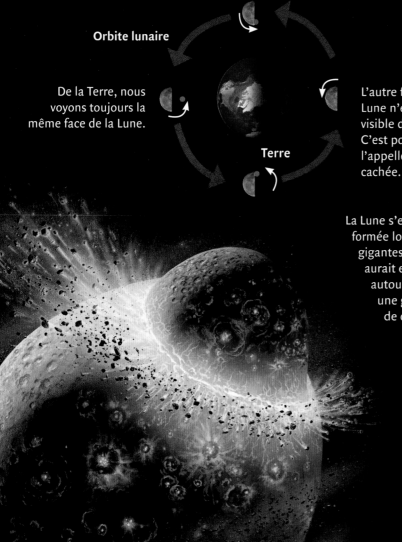

Orbite lunaire

De la Terre, nous
voyons toujours la
même face de la Lune.

Terre

L'autre face de la
Lune n'est jamais
visible de la Terre.
C'est pourquoi on
l'appelle la face
cachée.

La Lune s'est peut-être
formée lors d'une
gigantesque collision qui
aurait emporté en orbite
autour de la Terre
une grosse masse
de débris.

Comment s'est-elle formée ?

Les scientifiques n'en ont pas la
certitude, mais il est possible que la
Lune se soit formée il y a 4,5 milliards
d'années à la suite d'une collision entre
la Terre et une autre planète.

La Lune apparaît très lumineuse dans le ciel parce qu'elle est très proche de la Terre.

Le Soleil aussi attire l'eau marine.

L'attraction gravitationnelle de la Lune provoque un renflement des eaux des océans. Le niveau marin en un lieu varie à mesure que la Terre tourne.

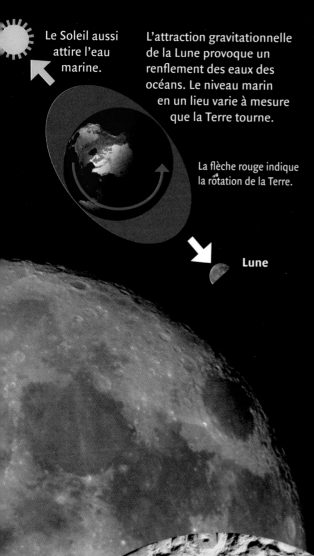

La flèche rouge indique la rotation de la Terre.

Lune

Le mouvement des marées

Deux fois par jour, le long des côtes, le niveau de la mer monte et descend, créant les marées. Ce phénomène est dû essentiellement à l'attraction gravitationnelle de la Lune qui, en attirant l'eau vers elle, fait monter de quelques mètres le niveau marin. Cette montée des eaux se déplace très lentement autour du globe terrestre, mais comme ce dernier tourne sur lui-même, les marées balaient toute sa surface au cours de la journée.

Hors de la zone d'attraction lunaire, c'est la marée basse.

Lorsqu'une région traverse la zone d'attraction lunaire, c'est la marée haute.

Missions lunaires

Avant que l'homme ne mette le pied sur la Lune, de nombreuses sondes spatiales sans équipage ont été envoyées vers notre satellite pour l'étudier. En voici quelques exemples.

Luna 3, une sonde soviétique, réalisa les premières photos de la face cachée de la Lune.

Lunar Prospector découvrit de la glace d'eau à proximité des pôles de la Lune en 1999.

Luna 9, sonde américaine, réalisa le premier atterrissage en douceur sur la Lune en 1966.

Criblée d'impacts

Au cours de sa longue histoire, la Lune a été heurtée par de nombreux météorites qui ont laissé autant de cratères dans sa surface.

Mais elle ne fait que réfléchir les rayons lumineux qu'elle reçoit du Soleil.

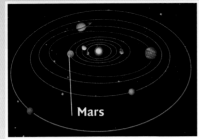

Quatrième planète à partir du Soleil, Mars possède une atmosphère, des saisons, de hautes montagnes et des pôles gelés.

Mars, la planète rouge

Planète la plus proche de la Terre, Mars a reçu des Romains le nom du dieu de la guerre à cause de sa couleur rouge rappelant celle du sang. Cette couleur est due à la présence d'oxyde de fer (rouille) dans le sol martien.

Terre

Mars

Une cousine peu accueillante

Mars est deux fois plus petite que la Terre, et les conditions qui règnent à sa surface sont très différentes de celles de notre planète. Elle présente des saisons et possède une mince atmosphère, mais cette dernière est essentiellement composée de dioxyde de carbone (gaz carbonique). Aucune végétation n'y pousse. Sa surface désertique est parsemée de poussière et de roches rouges.

Deux lunes pour une planète

Mars possède deux satellites naturels découverts en 1877 : Deimos et Phobos. Ils ne sont pas sphériques et leur taille est si petite que les astronomes pensent qu'il s'agissait, à l'origine, d'astéroïdes capturés par la gravité de Mars.

Phobos

Deimos

Deimos (ce qui signifie « terreur » en grec) mesure 16 km sur 12 km.

Phobos (ce qui signifie « peur » en grec) mesure 28 km sur 20 km.

Le jour martien, appelé « sol », est à peine plus long que le jour terrestre.

Y a-t-il de l'eau sur Mars ?

Sur Mars, les températures et la pression sont trop basses pour que de l'eau existe sous forme liquide : la Planète rouge ne possède actuellement ni rivières, ni mers, ni océans. On pense toutefois que de l'eau s'est écoulée jadis à sa surface parce qu'on y observe des structures ressemblant à des rivières asséchées.

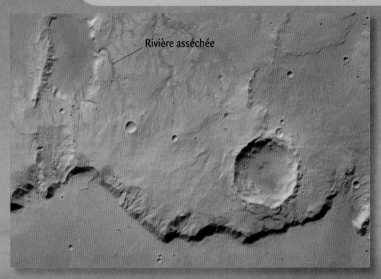

Rivière asséchée

Le visage sur Mars

En 1976, la sonde *Viking Orbiter 1* nous fit parvenir de Mars une série de photos qui montraient à sa surface une structure évoquant un visage. Certains pensèrent qu'il s'agissait d'une énorme sculpture réalisée par une forme de vie intelligente. Il s'agit en fait simplement d'une montagne.

Photo récente du « visage ».

Première photo floue du « visage ».

Canyon géant de Valles Marineris

Typiquement martien !

Un certain nombre de caractères sont typiques de la planète Mars.

 La Planète rouge est balayée par des vents puissants qui provoquent d'immenses tempêtes de sable.

 Le mont Olympus est le plus grand volcan existant dans tout le système solaire.

 Si l'énorme calotte de glace située au pôle Sud pouvait fondre, de l'eau couvrirait une partie de la planète.

 Le canyon de Valles Marineris s'étendrait à travers tous les États-Unis.

Il dure 24 heures et 39 minutes. L'année martienne dure 669 sols.

Jupiter, reine des planètes

Jupiter, la plus grosse planète du système solaire, est une géante gazeuse constituée essentiellement d'hydrogène. Elle est tellement énorme que si toutes les autres planètes étaient rassemblées, elles pèseraient encore deux fois et demie moins qu'elle.

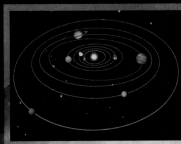

Jupiter est la cinquième planète à partir du Soleil. On pourrait loger 1 300 fois la Terre dans son volume.

La Grande Tache rouge s'élève à environ 8 000 m au-dessus des nuages environnants.

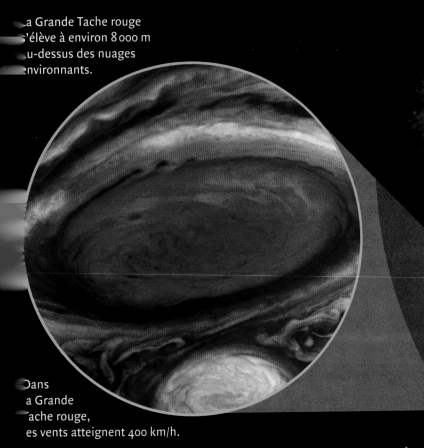

Une épaisse couverture nuageuse

L'atmosphère nuageuse de Jupiter est profonde d'environ 1 000 km mais elle ne dissimule aucune croûte dure comme celle de la Terre. La «surface» de la planète est constituée par une épaisse couche d'hydrogène et d'hélium liquides.

Les bandes de Jupiter sont dues aux mouvements des différents gaz de l'atmosphère qui se mélangent tandis que la planète tourne sur elle-même.

Dans la Grande Tache rouge, les vents atteignent 400 km/h.

Le cyclone parfait

À la surface de Jupiter, La Grande Tache rouge est un cyclone permanent dont le diamètre est égal à deux fois celui de la Terre ! Observée par les astronomes depuis 1666, sa masse tournoyante effectue un tour complet en une semaine environ, dans le sens inverse des aiguilles d'une montre.

Si Jupiter avait été plus grosse, des réactions nucléaires se seraient amorcées dans

Jupiter met 12 ans pour faire le tour du Soleil.

Vues de l'espace, les couleurs de la Terre sont dues à ses continents, ses océans et ses nuages blancs. Jupiter, quant à elle, présente des nuances de jaune et d'orange dues aux composés chimiques de son atmosphère.

Ça tourne

En dépit de sa taille, Jupiter tourne plus vite sur elle-même que toutes les autres planètes, effectuant un tour complet en un peu moins de 10 heures. Cette rotation rapide provoque un renflement marqué au niveau de l'équateur.

Incroyable mais vrai

Le diamètre de Jupiter diminue d'environ 1 mm par an car la planète se contracte sous l'effet de sa propre gravité. Ce phénomène libère de l'énergie. De ce fait, Jupiter produit plus de chaleur qu'elle n'en reçoit du Soleil.

Pour y voir de plus près

La sonde *Galileo* atteignit Jupiter en 1995 et se plaça en orbite autour de la planète. Elle largua dans son atmosphère un module de descente. Avant d'être détruit, après 58 minutes de plongée, par la chaleur et la pression énormes, le module envoya vers la sonde de précieuses données relevées par ses instruments de mesure.

Galileo acheva sa longue mission en 2003, lorsqu'elle tomba vers Jupiter et fut détruite.

Io, l'un des nombreux satellites de Jupiter, en orbite autour de la planète

Le module de descente pénétra dans l'atmosphère de Jupiter à la vitesse de 170 000 km/h. Sa descente fut ralentie par un parachute de 2,50 m de diamètre.

Dans la première partie de la descente, le module était protégé par un bouclier de décélération qui fut ensuite éjecté.

Plus moyen de l'arrêter !

La sonde *Galileo* était conçue pour achever sa mission en 1997, mais contre toute attente, elle survécut jusqu'en 2003 : six années de service supplémentaires pendant lesquelles elle nous fit parvenir encore beaucoup d'informations sur Jupiter et ses satellites. Rendez-vous en pages 68-69 pour en savoir plus sur les satellites de Jupiter.

son noyau et elle serait devenue une étoile, formant une étoile double avec le Soleil.

Les lunes de Jupiter

Jupiter possède 63 satellites connus, et probablement beaucoup plus qui n'ont pas encore été découverts. La plupart sont minuscules, de couleur sombre. Les scientifiques pensent que bon nombre d'entre eux sont des astéroïdes qui ont été capturés par l'énorme gravité de Jupiter.

Ganymède est le plus gros satellite du système solaire. À côté de lui, notre Lune paraît petite.

Europe

Les lunes galiléennes

Les quatre plus gros satellites de Jupiter – Io, Europe, Ganymède et Callisto – sont appelés les lunes galiléennes parce qu'ils ont été découverts et étudiés en 1610 par Galilée, qui crut d'abord qu'il s'agissait de petites étoiles. Sur l'un d'eux, Io, la sonde *Voyager 1* a découvert la présence de volcans tellement actifs que sa surface est sans cesse remodelée.

Les anneaux

Jupiter possède aussi un système d'anneaux. Invisibles au télescope, ils furent découverts seulement en 1979 sur des images réalisées par la sonde spatiale *Voyager 1*. Ils ont été formés par l'éjection de poussières provoquée par la chute de météorites sur les lunes de Jupiter.

Le véritable découvreur?

Quelques années après la découverte des quatre lunes galiléennes, l'astronome allemand Simon Marius publia un ouvrage dans lequel il affirmait les avoir découvertes avant Galilée, dès 1609. Quoi qu'il en soit, c'est Simon Marius qui leur attribua les noms que l'on a retenus aujourd'hui.

Simon Marius

Io

Pour en savoir plus

• Jupiter, reine des planètes p. 66-67
• La Lune p. 62-63

La découverte des quatre lunes galiléennes en 1610 démontra que la Terre n'était

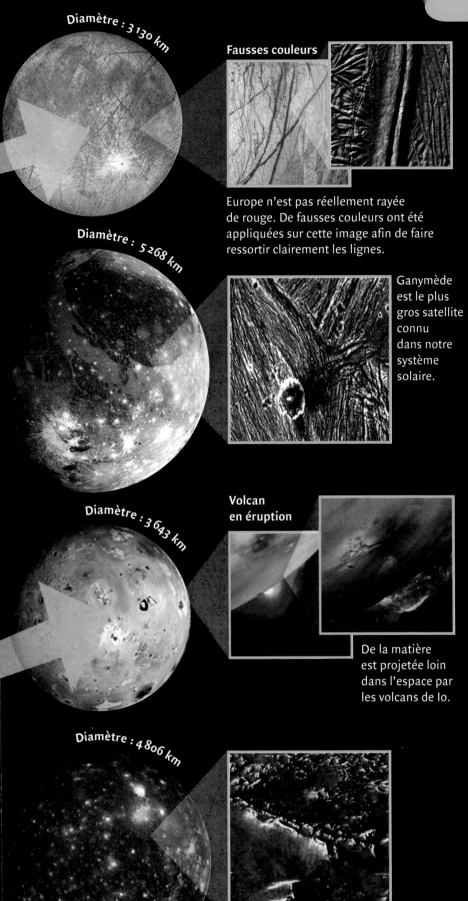

Diamètre : 3 130 km

Fausses couleurs

Europe n'est pas réellement rayée de rouge. De fausses couleurs ont été appliquées sur cette image afin de faire ressortir clairement les lignes.

Diamètre : 5 268 km

Ganymède est le plus gros satellite connu dans notre système solaire.

Diamètre : 3 643 km

Volcan en éruption

De la matière est projetée loin dans l'espace par les volcans de Io.

Diamètre : 4 806 km

Callisto est constellée de cratères, résultat de la chute de milliers de météorites.

Europe présente une surface glacée parcourue en tous sens de lignes qui suggèrent une activité en profondeur. Les scientifiques pensent que la glace pourrait recouvrir un océan salé liquide susceptible d'abriter des formes de vie aquatiques. C'est l'endroit le plus vraisemblable où pourrait être apparue une vie extraterrestre dans notre système solaire.

Ganymède est plus grosse que Mercure mais ce n'est pas une planète car elle n'est pas en orbite autour du Soleil. Les scientifiques pensent qu'elle possède un noyau en fusion enveloppé d'un manteau rocheux. Sous sa surface constituée d'une épaisse croûte de glace, se trouverait une nappe d'eau liquide, probablement salée.

Io subit constamment des éruptions volcaniques qui affectent toute sa surface, ce qui lui donne une surprenante couleur jaune-orange. Elle abrite en effet plus d'une centaine de volcans actifs! Les éruptions se produisent parce que le satellite est sans cesse déformé par les forces gravitationnelles de Jupiter et ses autres satellites.

Callisto, dont la surface est formée par une croûte glacée sombre et sale, est recouverte de cratères. Le plus grand d'entre eux, Valhalla, présente des ondes de choc qui se sont étalées sur près de 3 000 km. Les astronomes pensent que sa croûte dissimule un noyau rocheux.

pas le centre de l'Univers puisqu'elles tournaient, quant à elles, autour de Jupiter.

Saturne et ses anneaux

Saturne est la seconde plus grosse planète du système solaire. Elle aussi est réellement énorme. Son diamètre est neuf fois plus grand que celui de la Terre, mais elle est essentiellement composée de gaz. Elle ne présente aucune surface dure sur laquelle poser un vaisseau.

Dans le système solaire, Saturne est la sixième planète à partir du Soleil.

La merveille de l'espace

Saturne n'est pas la seule planète à posséder des anneaux, mais c'est la seule dont les anneaux sont visibles depuis la Terre à cause de leur étendue. Ils sont composés de glace, de roches et de poussières.

Saturne fait un tour complet sur elle-même toutes les 10 heures 39 minutes.

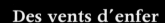

La glace dans les anneaux reflète la lumière. C'est pourquoi nous les voyons si bien.

Des vents d'enfer

Même si l'on pouvait se poser sur Saturne, il serait impossible d'y séjourner car on serait immédiatement balayé par des vents incroyablement puissants. Ceux qui soufflent au niveau de l'équateur atteignent 1 800 km/h.

Les vents les plus puissants de la Terre font figure de douces brises comparés à ceux de Saturne.

Comme Jupiter, Saturne n'est pas exactement sphérique. À cause de sa vitesse

Pour en savoir plus

• À la découverte de l'espace p. 24-25
• Une étoile, un système p. 50-51

Les sept anneaux principaux se divisent en quelque 10 000 anneaux plus minces. Ils s'étendent sur plus de 300 000 km.

Les anneaux de Saturne font moins de 1 km d'épaisseur.

Titan est difficile à étudier à cause de ses épais nuages orange.

Huygens

Fidèle au poste

Le module *Huygens* transmit ses données pendant environ 5 heures, mais l'orbiteur *Cassini* ne les capta que pendant deux heures avant de disparaître derrière l'horizon de Titan et de perdre le signal. En fait, *Huygens* resta actif plus longtemps qu'on ne le pensait.

De tous les objets fabriqués par l'homme à s'être posés sur d'autres astres, *Huygens* est à ce jour le plus distant.

Mission vers Saturne

En 1997, la sonde spatiale *Cassini* décolla en direction de la planète aux anneaux, emportant avec elle un module atterrisseur baptisé *Huygens*. *Cassini* se plaça en orbite autour de Saturne en juin 2004 et le module *Huygens* fut largué sur son plus gros satellite, Titan, en juin 2005.

Mensurations et performances

Voici quelques caractéristiques de la sonde *Cassini*.

La sonde renferme plus de 12 km de fil conducteur électrique.

La sonde est de la longueur d'un autobus. Elle pèse environ 5 700 kg : à peu près le poids d'un éléphant.

Plus de la moitié de son poids est constituée par le carburant.

La sonde est équipée d'une caméra tellement précise qu'elle peut voir une pièce de monnaie située à 4 km.

de rotation très rapide, elle est renflée à l'équateur et aplatie aux pôles.

Uranus et Neptune

Uranus et Neptune sont les septième et huitième planètes à partir du Soleil. On les présente souvent comme des planètes sœurs à cause de leur taille et de leur aspect similaires.

Uranus et Neptune sont les deux dernières planètes que l'on rencontre dans notre système solaire en partant du Soleil.

Uranus

Uranus a été découverte en 1781 par l'astronome William Herschel. Il la baptisa alors *Georgium Sidus*, c'est-à-dire «l'étoile de George», en hommage au roi George III d'Angleterre. Mais cette dénomination ne devint jamais populaire, et la planète fut plus tard rebaptisée Uranus.

Fausses couleurs

Uranus présente une couleur dominante bleu clair plus uniforme que ne le suggère cette photo en fausses couleurs. Ce genre de traitement apporte aux astronomes beaucoup d'informations sur la planète.

Uranus est encerclée par au moins 11 étroits anneaux composés de roches et de poussières.

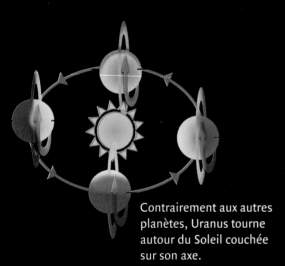

Contrairement aux autres planètes, Uranus tourne autour du Soleil couchée sur son axe.

Gros plan sur les anneaux d'Uranus

De longues saisons

Uranus met 84 ans à effectuer un tour complet du Soleil. À cause de sa position très inclinée sur son axe, ce sont ses pôles Nord et Sud que la planète présente tour à tour au Soleil. De ce fait, les pôles connaissent de longs hivers obscurs et de longs étés éclairés durant chacun l'équivalent de 42 années terrestres.

Uranus et Neptune sont elles aussi des planètes géantes gazeuses. Leur couleur

Neptune

Colorée d'un bleu dense, Neptune a reçu le nom du dieu romain de la mer. La planète met 165 ans pour faire le tour du Soleil. De ce fait, depuis sa découverte en 1846, on ne l'a pas encore vue effectuer un tour complet. Le premier bouclage aura lieu en 2011.

Les lunes de Neptune

Neptune possède 13 satellites connus. Le plus gros, Triton, est extrêmement froid et présente une surface constellée de trous et de sortes de geysers qui rejettent des gaz et des poussières.

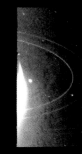

Ces deux images montrent les anneaux de Neptune. La planète en possède au moins quatre très faibles, composés de particules de poussière.

Sur Neptune, une journée dure 16 heures et 7 minutes.

Neptune est une planète très froide, ce qui n'est guère surprenant car elle est trente fois plus éloignée du Soleil que la Terre. Vu depuis Neptune, le Soleil ne doit pas apparaître beaucoup plus gros qu'une étoile ordinaire vue de la Terre.

Sale temps !

L'atmosphère de Neptune est plus perturbée que celle d'Uranus. En 1989, *Voyager 2* découvrit à sa surface une tempête de la taille de la Terre et qui dura plusieurs années.

Vues de l'espace

La sonde *Voyager 2* est passée près d'Uranus en 1986 et près de Neptune en 1989. Elle a découvert dix satellites d'Uranus et six de Neptune. La plupart des informations récoltées ont dû l'être en quelques heures seulement car la sonde n'a fait que passer sans se placer en orbite autour de ces planètes.

Miranda, satellite d'Uranus

Titania, satellite d'Uranus

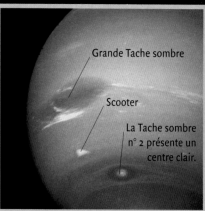

Grande Tache sombre

Scooter

La Tache sombre n° 2 présente un centre clair.

Neptune vue par *Voyager 2* en 1989, montrant deux tempêtes (les taches sombres) et le nuage Scooter.

à dominante bleue est due à la présence de gaz méthane dans leur atmosphère.

Pluton, planète naine

Boule de glace et de roche, Pluton
fut découverte en 1930 aux confins
du système solaire, devenant alors
sa neuvième et dernière planète.
Mais en 2006, elle a perdu son rang
pour être reclassée parmi
les planètes naines.

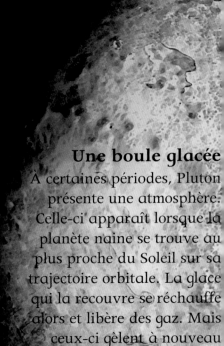

Pourquoi n'est-elle plus une planète ?

Pluton a été déclassée parce qu'elle appartient
en fait à la Ceinture de Kuiper. Deux autres
planètes naines, Céres et Éris, sont également
connues dans notre système solaire.

Une boule glacée

À certaines périodes, Pluton
présente une atmosphère.
Celle-ci apparaît lorsque la
planète naine se trouve au
plus proche du Soleil sur sa
trajectoire orbitale. La glace
qui la recouvre se réchauffe
alors et libère des gaz. Mais
ceux-ci gèlent à nouveau
et l'atmosphère disparaît
lorsque Pluton s'éloigne.

Située au delà de Neptune, la Ceinture de Kuiper est un immense nuage de comètes,
d'astéroïdes et d'objets aux formes irrégulières, en orbite autour du Soleil.

La taille de Pluton

Pluton est de taille modeste
puisque l'on estime son
diamètre à environ 2 300 km.
Celui d'Éris, autre planète
naine, lui est supérieur, avec
environ 2 500 km. Certaines
lunes du système solaire sont
plus grosses que Pluton,
y compris notre Lune !

Pluton	Lune	Terre
2 300 km	3 400 km	12 750 km

Éris

Pluton

Céres

Pluton est située à 5,9 milliards de kilomètres du Soleil.

Une orbite excentrique

L'orbite de Pluton est assez différente de celle des planètes du système solaire. Son plan est beaucoup plus incliné. En outre, à certaines périodes, sa trajectoire entraîne Pluton plus près du Soleil que Neptune.

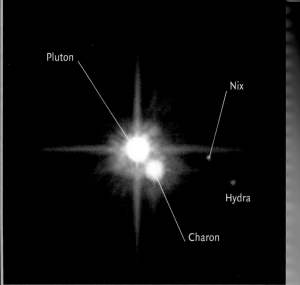

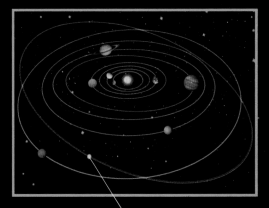

L'orbite de Pluton ne se trouve pas dans le même plan que celle des huit planètes du système solaire.

Pluton a 3 satellites mais le plus gros, Charon, ne ressemble pas aux deux autres car il ne tourne pas simplement autour de Pluton. En fait, Pluton et lui tournent ensemble autour d'un centre commun situé entre eux deux dans l'espace. Nix et Hydra ont été découverts en 2005.

On pense que la surface de Pluton est composée d'azote gelé, qui se libère sous forme de gaz quand sa température augmente.

Pluton met 248 ans pour effectuer un tour complet du Soleil.

La sonde *New Horizons* en cours de fabrication

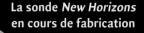

Les scientifiques espèrent découvrir beaucoup de choses sur Pluton lorsque la sonde *New Horizons* l'aura atteint.

New Horizons a décollé pour l'espace à bord d'une fusée *Atlas 5*.

Les planètes naines

Éris ne fut découverte qu'en 2003. C'est le plus gros objet connu de la Ceinture de Kuiper. Cérès, avec près de 1 000 km de diamètre, est le plus gros astéroïde de la ceinture d'astéroïdes, située entre Mars et Jupiter.

Mission vers Pluton

En 2006, la NASA, l'agence spatiale américaine, a lancé une sonde baptisée *New Horizons*, actuellement en route vers Pluton. Elle mettra 10 ans pour faire le voyage de plus de 5 milliards de kilomètres.

La lumière solaire met environ 5h 30 min à atteindre Pluton.

Les vestiges des astres

Entre les planètes, l'espace n'est pas vide. Il contient, en densité très faible, des gaz et des poussières. On y rencontre aussi des roches, appelées astéroïdes, et des comètes, qui sont des boules de glace remplies de poussières. Certains de ces corps sont tellement petits qu'on les distinguerait à peine à l'œil nu. D'autres sont gigantesques. Ce sont des débris de la formation des astres, remontant aux débuts du système solaire.

Collision spatiale en direct

En 1994, une boule de feu de la taille d'une petite planète explosa sur Jupiter. C'était la chute d'un corps céleste. Il s'agissait du premier d'une série de plus de 20 fragments issus d'une comète baptisée Shoemaker-Levy 9, qui s'était brisée avant de plonger vers la planète géante. Les astronomes ont pu l'oberver en détail.

Lieu d'impact

Un événement

La chute des fragments de la comète Shoemaker-Levy 9, sur Jupiter, fut la plus grosse collision entre deux corps célestes jamais observée par l'homme.

La comète Shoemaker-Levy ç en chutant, projeta des boule de feu à plus de 3 000 kr au-dessus des nuages de Jupite

La plupart des astéroïdes se trouvent dans la ceinture d'astéroïdes entre Mars et Jupiter

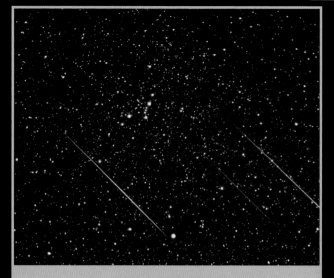

Les pluies d'étoiles filantes

Lorsque des morceaux de comètes brûlent dans la haute atmosphère de la Terre, ils produisent parfois des pluies d'étoiles filantes dans le ciel nocturne, telle la pluie des Léonides sur cette photo.

Les fragments de la comète Shoemaker-Levy 9 ont frappé Jupiter pendant 6 jours.

Pour faire la différence

Voici un petit guide des objets spatiaux présentés dans ce chapitre.

 Les **étoiles filantes**, ou **météores**, sont des particules de poussières spatiales qui brûlent en traversant les couches supérieures de l'atmosphère terrestre.

 Les **astéroïdes** sont des rochers géants le plus souvent de forme irrégulière, dont certains sont si gros qu'ils possèdent leurs propres petites lunes.

 Les **météorites** sont des morceaux de débris spatiaux qui ont survécu à leur traversée de l'atmosphère et sont tombés à la surface de la Terre.

 Les **comètes** sont des sortes de boules de neige sale, faites de poussières et de glace, en orbite autour du Soleil.

Il existe aussi des **débris spatiaux** d'origine humaine, restes de fusées et de satellites largués ou perdus dans l'espace.

Qu'est-ce que c'est ?

Les images ci-dessous sont des portions de photos figurant dans le chapitre «Comètes, astéroïdes et météorites». De quelles photos s'agit-il ?

(Réponses p. 124)

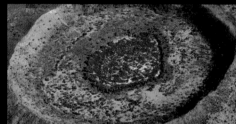

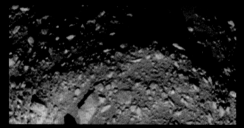

Pour en savoir plus

• La ceinture d'astéroïdes p. 82-83
• Les débris spatiaux p. 86-87

77

Les comètes viennent du nuage d'Oort, aux limites extrêmes du système solaire.

Visiteuses du cosmos

On dit des comètes qu'elles sont de «grosses boules de neige sale». Composées de glace, de roches et de poussières, elles filent à travers l'espace sur d'immenses orbites autour du Soleil situées aux dernières limites de notre système solaire.

Les comètes peuvent atteindre des dizaines de kilomètres de diamètre.

Une comète d'exception

Au début 2007, la comète McNaught s'est approchée du Soleil, devenant la comète la plus brillante de ces 40 dernières années. Elle était tellement brillante qu'on pouvait même l'observer en plein jour.

Une visiteuse distante

La comète Hyakutake s'est approchée de la Terre à 15 millions de kilomètres au plus près. Elle avait été aperçue la première fois en 1996 par un Japonais qui observait le ciel à travers des jumelles.

La comète de Halley

Beaucoup de comètes réapparaissent à intervalles réguliers dans notre ciel quand leur trajectoire orbitale les ramène près du Soleil. L'une des plus célèbres, la comète de Halley, revient tous les 75 ou 76 ans. Elle doit son nom à l'astronome Edmund Halley, qui avait prédit son retour en 1758.

**Edmund Halley
1656-1742**

La comète de Halley se déplace à 240 000 km/h.

Le mot « comète » dérive d'un terme latin signifiant « astre chevelu ». La chevelure,

Quand la queue s'allume

Si l'orbite d'une comète la conduit près du Soleil, sa surface, en se réchauffant, commence à s'évaporer, libérant dans l'espace des gaz et de la poussière. Cela provoque la formation d'une queue spectaculaire pointant dans la direction opposée au Soleil.

Double queue

La queue d'une comète est en fait composée de deux parties : l'une de couleur blanche ou jaune composée de poussières, l'autre bleue, moins brillante, composée de gaz. Ces deux parties forment deux queues distinctes.

Une queue variable

Ces images montrent comment la queue d'une comète varie en taille à mesure qu'elle s'approche puis s'éloigne du Soleil.

La comète de Halley en 1910

c'est-à-dire la queue d'une comète, peut s'étirer sur des millions de kilomètres.

Les étoiles filantes

Un bref trait de lumière traverse le ciel nocturne puis disparaît aussi vite qu'il est apparu ; c'est probablement une étoile filante, un phénomène très commun que l'on appelle aussi météore.

Fragments de la météorite Canon Diablo

De quoi s'agit-il ?

Un météore est un morceau de roche ou de poussière qui brûle en pénétrant dans l'atmosphère terrestre. Cela se produit à environ 90 km au-dessus de la surface de notre planète. Un météore qui ne brûle pas entièrement et dont un ou plusieurs morceaux parviennent jusqu'à la Terre est appelé alors une météorite.

Des pluies scintillantes

Régulièrement, la Terre traverse les faisceaux de poussières libérées dans l'espace par les comètes qui fondent à l'approche du Soleil, ce qui provoque des pluies d'étoiles filantes. L'une des plus connues a lieu en août, lorsque la Terre traverse l'essaim de météores des Perséides, une autre en novembre lorsqu'elle rencontre celui des Léonides.

Monstrueuse explosion

Le cratère météoritique de Wolf Creek s'est formé il y a 1 à 2 millions d'années. L'impact de la météorite au sol provoqua l'équivalent d'une explosion atomique. Le cratère de 853 m de diamètre qui en résulte aujourd'hui forme un cercle presque parfait.

Cratère de Wolf Creek, Grand Désert de Sable, Australie occidentale

Les poussières de météores, formant des grains minuscules de quelques millionièmes

Des effets cataclysmiques

Notre planète a déjà connu
un certain nombre de chutes
de météorites aux effets
dévastateurs.

À Tunguska, en Sibérie,
en 1908, la chute d'une météorite
détruisit des kilomètres carrés
de forêt.

Meteor Crater, en Arizona,
aux États-Unis, s'est formé
il y a 50 000 ans. Ce cratère
mesure 1265 m de diamètre.

De nombreux chercheurs pensent que
les **dinosaures** ont disparu à la suite
de la chute d'une énorme météorite
il y a 65 millions d'années.

Une météorite pénètre dans
l'atmosphère à une vitesse variant
entre 11 et 74 kilomètres par seconde.

Le feu du ciel

L'homme observe
les météorites depuis
toujours. Jadis,
certains y voyaient
des dragons de feu,
d'autres des armes
envoyées par des
dieux en colère.

Incroyable mais vrai

Les grosses météorites,
représentant un danger
pour la vie sur Terre, sont
très rares. Mais notre planète
reçoit des milliers de tonnes
de roches de l'espace par
an sous forme de petits
fragments.

Irrésistible attirance

La plupart des météorites sont
attirées par les aimants parce
qu'elles contiennent du fer.

Des solitaires

Un météore solitaire ne faisant pas partie
d'un essaim est appelé un météore sporadique.
Parfois, de gros météores qui pénètrent plus bas
dans l'atmosphère avant de se désagréger et qui
deviennent exceptionnellement brillants sont
appelés des boules de feu.

81

de grammes, tombent lentement sur la Terre comme des flocons de neige.

La ceinture d'astéroïdes

Les astéroïdes sont des blocs rocheux qui circulent dans l'espace. Certains sont si petits qu'ils tiendraient dans la main, d'autres sont plus gros que des montagnes. La plupart de ceux de notre système solaire sont en orbite dans la ceinture d'astéroïdes, située entre Mars et Jupiter.

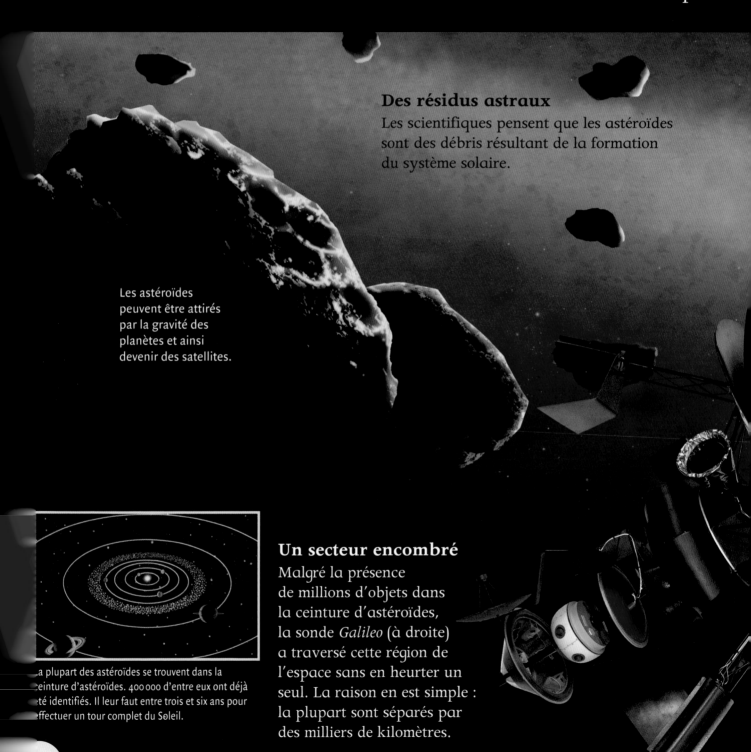

Des résidus astraux
Les scientifiques pensent que les astéroïdes sont des débris résultant de la formation du système solaire.

Les astéroïdes peuvent être attirés par la gravité des planètes et ainsi devenir des satellites.

La plupart des astéroïdes se trouvent dans la ceinture d'astéroïdes. 400 000 d'entre eux ont déjà été identifiés. Il leur faut entre trois et six ans pour effectuer un tour complet du Soleil.

Un secteur encombré
Malgré la présence de millions d'objets dans la ceinture d'astéroïdes, la sonde *Galileo* (à droite) a traversé cette région de l'espace sans en heurter un seul. La raison en est simple : la plupart sont séparés par des milliers de kilomètres.

Contrairement aux planètes, les astéroïdes ne sont pas sphériques car la plupart

Le gros morceau

Le plus gros astéroïde découvert à ce jour est Céres. Avec près de 1 000 km de diamètre, il est à peu près de la largeur d'un pays comme la France. Les astronomes le classent aujourd'hui parmi les planètes naines.

Le cratère de Chicxulub, au Mexique

Une affaire de taille

La ceinture d'astéroïdes contient des millions d'astéroïdes. Les scientifiques estiment que plus de 750 000 d'entre eux ont un diamètre de plus de 1 km, et 200 un diamètre de plus de 100 km.

Dangereuses rencontres

Des astéroïdes ou des comètes sortis de leur orbite initiale heurtent parfois les planètes, créant à leur surface d'énormes cratères. C'est un astéroïde tombé sur Terre il y a 65 millions d'années qui a peut-être entraîné la disparition des dinosaures en provoquant une catastrophe climatique mondiale.

Gaspra (19 km)

Deimos (15 km)

Phobos (27 km)

La taille et la forme des astéroïdes sont variables. Seuls les plus gros tendent à être sphériques.

Dactyl (1,4 km)

Ida (56 km)

Une sonde de passage

La sonde spatiale *Galileo* a réalisé les premières images nettes d'un astéroïde tandis que, en route vers Jupiter, elle traversait la ceinture d'astéroïdes. Elle photographia Gaspra en 1991, puis Ida en 1993 lors d'une nouvelle traversée. Sur la photo de ce dernier, on voyait également son satellite, Dactyl. C'était la première fois qu'on avait la preuve que les astéroïdes peuvent avoir leurs propres satellites.

ne sont pas assez gros pour que leur gravité les maintiennent en forme de sphère.

L'étude des astéroïdes

Il existe un certain nombre d'astéroïdes dont la trajectoire passe relativement près de la Terre. Pour les scientifiques, ce sont donc les plus faciles à étudier.
En fait, deux sondes spatiales se sont déjà posées sur de tels astéroïdes.

Lancement de la sonde *NEAR* en 1996.

L'astéroïde Éros

Éros est un astéroïde d'environ 33 km de longueur. La sonde spatiale *NEAR-Shoemaker* avait pour mission de se placer en orbite autour de lui. NEAR sont les initiales des mots anglais signifiant « rendez-vous avec un astéroïde proche de la Terre ».

L'astéroïde Itokawa

Itokawa est l'un des astéroïdes qui ont été étudiés de près. Il est minuscule. Une sonde japonaise dénommée *Hayabusa* a été envoyée sur Itokawa pour y collecter des échantillons de poussières et les ramener sur Terre. Elle est actuellement sur le chemin du retour, prévu pour 2010.

Hayabusa (ce qui signifie « faucon » en japonais) a réalisé cette photo d'Itokawa.

Itokawa a reçu le nom d'un scientifique japonais spécialiste des fusées.

Un succès incertain

Hayabusa s'est posée sur Itokawa le 20 novembre 2005. Elle ne resta à sa surface que 30 minutes. La sonde s'y posa à nouveau brièvement le 25 novembre. Mais à cause de problèmes techniques, personne ne sait encore si elle a réussi à prélever des échantillons.

Hayabusa emportait un micro-robot atterrisseur, mais son largage fut un échec.

Le corps cubique de la sonde mesure un peu plus de 1 m de hauteur.

84

Avant d'atteindre Éros, la sonde *NEAR-Shoemaker* avait étudié Mathilde,

Atterrissage réussi

En février 2001, à la fin de la mission, on décida de tenter de poser la sonde sur Éros afin de montrer que c'était possible. À mesure qu'elle s'approchait de l'astéroïde, *NEAR-Shoemaker* envoya une série de 69 photos de plus en plus détaillées.

Février 2000
Une photo d'Éros composée de six images différentes assemblées.

Janvier 2001
Photo prise à 38 km de distance d'Éros, montrant un cratère.

Février 2001
La surface d'Éros vue depuis une distance de 700 m.

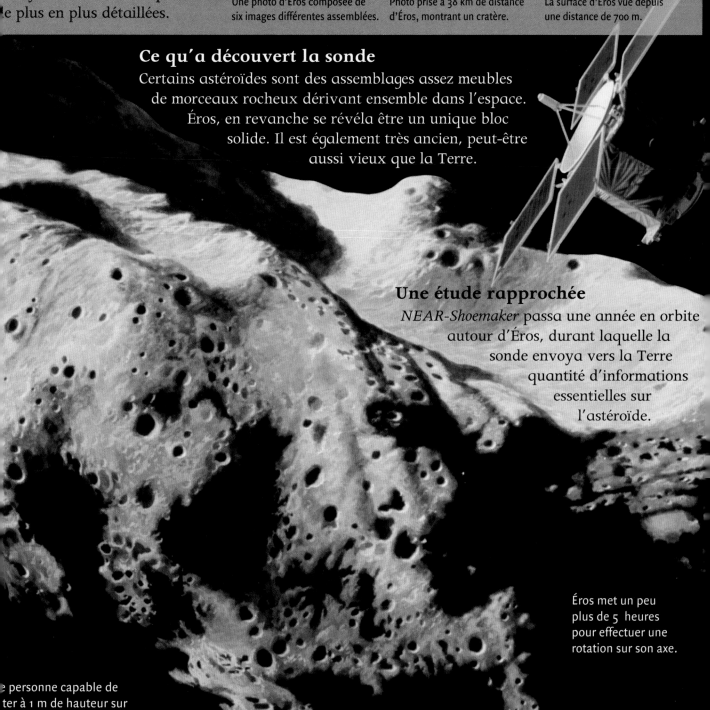

Ce qu'a découvert la sonde

Certains astéroïdes sont des assemblages assez meubles de morceaux rocheux dérivant ensemble dans l'espace. Éros, en revanche se révéla être un unique bloc solide. Il est également très ancien, peut-être aussi vieux que la Terre.

Une étude rapprochée

NEAR-Shoemaker passa une année en orbite autour d'Éros, durant laquelle la sonde envoya vers la Terre quantité d'informations essentielles sur l'astéroïde.

Éros met un peu plus de 5 heures pour effectuer une rotation sur son axe.

e personne capable de
ter à 1 m de hauteur sur
e pourrait sauter à 1,6 km
hauteur sur Éros à cause
sa très faible gravité.

un autre astéroïde, et avait découvert que sa partie interne était poreuse.

Les débris spatiaux

Un astronaute qui travaille dans l'espace et laisse échapper un de ses outils, un vieux satellite hors d'usage commençant à se disloquer, un panneau arraché d'une station spatiale… l'espace est parsemé de débris de toutes sortes produits par l'homme. Et le problème ne cesse d'empirer.

Objets perdus dans l'espace

On trouve parmi les débris spatiaux des objets inattend

 Un gant perdu par u astronaute américain lors d'une sortie dans l'espace en 1965.

 Des sacs d'ordures rejetés par la station spatiale russe Mir.

 Deux appareils pho signalés perdus dans l'espace par des astronautes.

 Des boulons et écrou perdus lors de travau de réparation sur des satellites en orbite.

La surveillance des ordures

Une incroyable quantité de débris, vestiges des activités humaines dans l'espace, se trouve en orbite autour de la Terre. Tous ceux dont la taille est supérieure à celle d'une balle de tennis sont suivis de près par les scientifiques. Actuellement, environ 13 000 objets sont ains sous surveillance. Les spécialis estiment que, au total, plus de 150 000 débris de plus de 1 cm de large encombrent l'espace autour de la planète.

La plupart des débris spatiaux sont en orbite entre 700

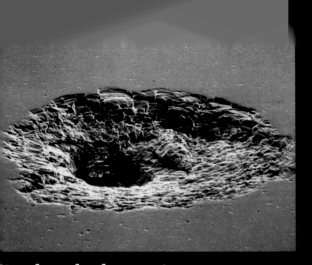

Quand le ciel nous tombe sur la tête

Des débris venus de l'espace retombent régulièrement à la surface de la Terre, mais on ne connaît qu'un seul cas d'une personne ayant été frappée par un morceau de métal tombé du ciel. La majeure partie de la Terre étant couverte d'océans, c'est là que retombent la plupart des débris spatiaux.

Les débris spatiaux finissent le plus souvent par retomber sur Terre. Les plus petits brûlent entièrement lors de leur rentrée dans l'atmosphère, mais les plus gros peuvent s'écraser au sol.

Quel est le danger ?

Les débris spatiaux sont généralement très distants les uns des autres. Mais des problèmes peuvent survenir lorsqu'un objet en déplacement très rapide (jusqu'à 28 200 km/h) vient heurter un vaisseau ou une station spatiale. Les plus gros pourraient créer de gros dégâts et menacer ainsi la survie de l'équipage. Ce micro-cratère provoqué par un objet de moins de 1 mm de diamètre dans l'un des hublots de la navette *Challenger*, fait partie des dommages courants causés aux engins spatiaux.

Les contrôleurs de missions spatiales surveillent de très près la trajectoire des engins dont ils ont la charge.

Pour éviter le danger

Avant chaque lancement, les contrôleurs de missions spatiales s'assurent que les vaisseaux ne passeront pas à proximité de débris dangereux. Les scientifiques espèrent trouver un jour un moyen de nettoyer les abords de la planète, mais ce jour est encore loin. Parmi les solutions évoquées figurent des lasers qui pourraient détruire les objets à distance, des vaisseaux éboueurs de l'espace et une technologie capable d'attirer les débris vers le bas afin qu'ils brûlent en rentrant dans l'atmosphère.

et 2 000 km d'altitude au-dessus de la surface de la Terre.

Les mystères de l'espace

Trous noirs, vie extraterrestre, big bang... L'espace et ses mystères ont, de tous temps, fasciné l'homme et inspiré les artistes et les écrivains. Évidemment, grâce aux progrès de la science, notre connaissance de l'espace est aujourd'hui considérable. Mais ce savoir est infime face à tout ce qu'il nous reste à découvrir! Alors, souvent, on se prend à mélanger la réalité et la fiction.

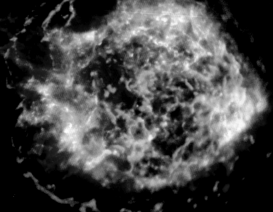

Vie et mort des étoiles

Des mystères de la science, tel celui de la naissance des étoiles dans les nébuleuses et de leur mort sous la forme de supernovae, sont peu à peu élucidés à l'aide de télescopes incroyablement puissants. Mais il nous reste encore beaucoup à découvrir.

Restes de la supernova Cassiopée A

En 1898, l'écrivain anglais H. G. Wells publia *La Guerre des Mondes*, un roman

Réalité ou fiction?

Notre fascination pour les extraterrestres nous conduit à les imaginer sous de multiples formes. Dans certains livres ou films, on en voit qui ressemblent à des humains dotés de deux bras et deux jambes. Dans d'autres, ils sont représentés sous l'aspect de monstres divers, de masses informes ou d'insectes géants.

Un soldat de *La Guerre des Étoiles*

Jouet représentant un monstre de l'espace

Bande dessinée des années 1950

Les soucoupes volantes

Beaucoup de gens disent avoir vu des soucoupes volantes, ou ovnis (objets volants non identifiés). Certains affirment même avoir été emportés dans des vaisseaux extraterrestres. Mais les ovnis existent-ils vraiment? Quel est donc cet étrange objet sur cette photo prise par *Apollo 16*? Pour le savoir, rendez-vous page 90.

Qu'est-ce que c'est?

Les images ci-dessous sont des portions de photos figurant dans le chapitre «L'Univers et ses secrets». De quelles photos s'agit-il?

(Réponses p. 124)

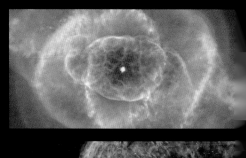

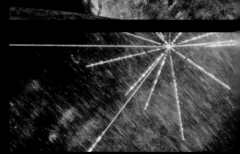

Pour en savoir plus
- La recherche des extraterrestres p. 92-93
- Y a-t-il de la vie sur Mars p. 94-95

racontant l'invasion de la Terre par les Martiens, qui connut un succès international.

Les ovnis

Objets volants en forme de soucoupe, cercles de culture, lumières dans le ciel nocturne… De tous temps, l'homme a affirmé avoir vu et découvert des preuves de l'existence d'ovnis (objets volants non identifiés). Examinez vous-même les documents publiés et faites-vous votre propre idée sur la question.

Ovni ou pas?

La photo d'*Apollo 16* figurant en page précédente a fait l'objet d'une étude approfondie. Il s'agissait finalement du mât portant le projecteur que les astronautes utilisaient lors des sorties dans l'espace. Souvent, ce qui peut sembler être un ovni n'en est pas un.

Les cercles de culture

Encore appelés agroglyphes ou, en anglais, *crop circles*, il s'agit de dessins complexes faits dans les champs de céréales en aplatissant localement les tiges. Certains pensent que ces dessins ont été exécutés par des extraterrestres ou qu'ils sont des sites d'atterrissage d'ovnis, mais beaucoup se sont révélés avoir été faits par l'homme.

L'idée que des formes de vie intelligentes existent ailleurs que sur Terre a toujours semblé fasciner l'homme. Cette peinture rupestre est âgée de milliers d'années. Elle semble décrire une rencontre avec un extraterrestre.

Le terme « ovni » étant trop restrictif, les spécialistes utilisent plutôt aujourd'hui

Incroyable mais vrai

Dans un passage de *La Bible*, Ézéchiel décrit ce qui ressemble à l'apparition d'un ovni. C'est du moins ce que pensent certains. Il parle d'un objet de feu en forme de roue dans le ciel et qui envoyait des rayons de lumière.

Les artistes ont souvent représenté les ovnis sous la forme de disques métalliques ovales.

Les ovnis font la une

Certains journaux ont rapporté des cas d'atterrissage de vaisseaux extraterrestres. L'un des incidents les plus célèbres s'est produit près de la ville de Roswell, aux États-Unis, où d'étranges débris furent retrouvés en 1947.

Que s'est-il passé à Roswell ?

Des gens ont affirmé que les débris trouvés à Roswell étaient ceux d'un vaisseau spatial écrasé à terre. Les premiers articles de journaux firent état d'un « disque volant ». L'armée affirma qu'il s'agissait d'un ballon météorologique top secret.

Les débris du crash de Roswell à l'étude, dans les années 1940

Question sans réponse

La célèbre photo ci-dessous n'a toujours pas été expliquée à ce jour, bien que certains aient suggéré que l'objet non identifié puisse être un rétroviseur de camion. Elle a été réalisée par un fermier dans l'Oregon, aux États-Unis, en 1950.

S'agit-il du rétroviseur latéral d'un camion ou d'un objet plus mystérieux ?

À Roswell, aux États-Unis, les panneaux de signalisation routière représentent des extraterrestres.

Vaisseau ou ballon ?

L'incident de Roswell a inspiré quantité de films, de livres et d'histoires, et beaucoup de questions. Toutefois, la plupart pensent aujourd'hui qu'il s'agissait bien d'un ballon météorologique.

Un ballon météorologique de l'armée en 1955 huit ans après les événements de Roswel

le terme « PAN », qui signifie « phénomène aérospatial non identifié ».

La recherche des extraterrestres

S'il existe des civilisations extraterrestres évoluées dans l'Univers, il est probable qu'elles utilisent les ondes radio pour communiquer. C'est pourquoi les scientifiques écoutent l'Univers à la recherche d'éventuels signaux artificiels. De même, ils ont envoyé dans l'espace des messages codés à l'adresse d'éventuels extraterrestres.

Le SETI

Le programme SETI (en anglais, *Search for Extra Terrestrial Intelligence*, «recherche d'intelligence extraterrestre») utilise de puissants radiotélescopes pour détecter d'éventuels signaux extraterrestres. Jusqu'à présent, la recherche n'a donné aucun résultat.

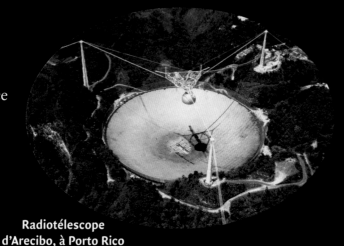

Radiotélescope d'Arecibo, à Porto Rico

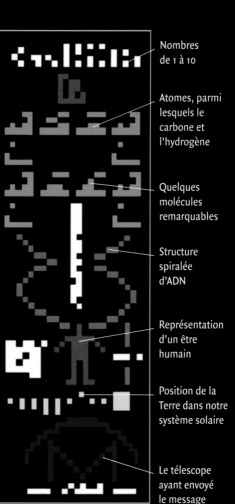

Nombres de 1 à 10

Atomes, parmi lesquels le carbone et l'hydrogène

Quelques molécules remarquables

Structure spiralée d'ADN

Représentation d'un être humain

Position de la Terre dans notre système solaire

Le télescope ayant envoyé le message

Un message vers l'espace

En 1974, les astronomes de l'observatoire d'Arecibo, à Porto Rico, envoyèrent un message radio dans l'espace. Il fut dirigé vers un amas d'étoiles appelé M13, où il parviendra dans 25 000 ans. Si quelqu'un le reçoit et nous répond, sa réponse mettra encore 25 000 ans à nous revenir.

Le message d'Arecibo dure trois minutes. Il est constitué de 1 679 impulsions qui, une fois arrangées, forment un pictogramme (à gauche). Ce pictogramme décrit notamment les bases de la vie.

Ce radiotélescope est souvent utilisé par l'institut SETI

Radiotélescope de Parkes, à Canberra, en Australie

Le SETI a créé un logiciel que chacun peut télécharger pour participer, par Internet,

Des plaques dans l'espace

Les sondes spatiales *Pioneer 10* et *Pioneer 11* on embarqué chacune une plaque de métal gravée, équivalent spatial d'un message dans une bouteille à la mer. Les plaques révèlent la place de la Terre dans le système solaire, la route suivie par les sondes et la silhouette d'un homme et d'une femme.

Sonde *Pioneer*

Le disque plaqué d'or « Sons de la Terre » de *Voyager* 1, avec sa couverture

Le disque a été monté sur un support dans *Voyager* 1.

Un disque dans l'espace

Les sondes *Voyager*, lancées en 1979 et 1981, emportèrent chacune un disque plaqué d'or sur lequel ont été enregistrés des sons et des photographies qui fourniront à une éventuelle intelligence extraterrestre une image de la vie sur Terre. Il comporte un message de salutations en 56 langues et le chant d'une baleine.

Pour en savoir plus
- La radio-astronomie p. 12-13
- Existe-t-il d'autres Terres ? p. 100-101

au traitement des signaux reçus de l'espace (http://setiathome.ssl.berkeley.edu/).

Y a-t-il de la vie sur Mars ?

À partir du XIXᵉ siècle, beaucoup se sont mis à croire qu'une civilisation intelligente existait sur la planète Mars. Des représentations de Martiens aux formes très diverses commencèrent à apparaître dans les livres, les dessins, les bandes dessinées, ou furent évoquées à la radio. Puis vinrent le cinéma et la télévision. De toutes ces créatures, aucune ne vint jamais envahir la Terre. On sait aujourd'hui qu'elles n'existent pas.

Il y a plus de deux siècles déjà !

Dans les années 1780, William Herschel qui observait les changements saisonniers autour des pôles martiens nota que ses habitants devaient «probablement connaître une situation par bien des aspects similaire à la nôtre».

William Herschel

Le télescope de 12 m de Herschel

Les Martiens dans la presse

Dans les années 1920, un article de journal sur les Martiens rapportait qu'ils avaient «des oreilles et un nez très gros et un énorme développement pulmonaire… Leurs jambes sont faiblement développées car la matière, sur Mars, pèse moins qu'ici».

Percival Lowell dénombra et cartographia, à la surface de Mars,

Il y a un siècle

L'idée de l'existence de Martiens intelligents connut son apogée au début du XXᵉ siècle, lorsqu'un riche homme d'affaires du nom de Percival Lowell (1855-1916) se fit construire un observatoire personnel en Arizona, aux États-Unis, et commença à étudier Mars.

Percival Lowell affirma qu'il voyait un réseau de lignes s'entrecroisant à la surface de Mars et qui, croyait-il, servait à transporter l'eau des pôles sur toute la planète.

Les Martiens font vendre

Nous savons aujourd'hui que les lignes vues par Lowell n'existaient pas, mais à l'époque, nombreux furent ceux qui, excités par cette idée, crurent ses théories. Elles inspirèrent à H.G. Wells son roman *La Guerre des Mondes*, publié en 1898.

Illustration du livre de H.G.Wells *La Guerre des Mondes*

Un prix étonnant

En 1901, le prix Guzman offrait une récompense de 100 000 francs à la première personne qui établirait un contact avec des extraterrestres. Les termes du contrat excluaient le contact avec les Martiens, qu'ils considéraient trop facile !

En 1938, la version radiodiffusée par Orson Welles de *La Guerre des Mondes* sema la panique auprès de un million d'Américains. L'émission décrivait de façon très réaliste l'invasion de la Terre par les Martiens comme si le commentateur y assistait en direct.

H.G. Wells

Cette gravure sur bois publiée par Camille Flammarion, fondateur de la Société Astronomique, évoquant le point où le ciel et la Terre se touchent, a pu inspirer l'idée du contact avec les extraterrestres.

95

le nombre incroyable de 160 canaux… qui n'ont jamais existé.

Un Univers est né

La théorie qui devait être appelée plus tard « big bang » fut proposée pour la première fois par Georges Lemaitre en 1931. Les chercheurs pensent que ce fut le début de tout mais ne savent pas ce qui l'a provoqué.

Georges Lemaitre

Le big bang

La plupart des scientifiques pensent aujourd'hui que l'Univers est né il y a plus de 13 milliards d'années à partir d'un état très dense et très chaud. Ils nomment cet événement le big bang.

Au bout de 300 000 ans, tandis que l'Univers s'étend et se refroidit, la matière telle que nous la connaissons commence à se former. L'Univers fait alors un millième de sa taille actuelle.

Que s'est-il passé ?

Selon la théorie du big bang, l'espace et le temps sont nés à partir d'un minuscule point incroyablement chaud et lourd. Toute l'énergie contenue dans ce point minuscule fut subitement libérée sous la forme d'une boule de feu en expansion constante.

Les galaxies s'éloignent les unes des autres dans toutes les directions, ce qui prouve

Une longue histoire à venir

La matière n'a commencé à se former que des centaines de milliers d'années après e big bang, longtemps après que la boule de feu se fut refroidie. Les gaz qui en résultèrent devaient, en se modifiant au cours du temps, former les étoiles, les planètes et les galaxies qui existent aujourd'hui.

À l'age de 9 milliards d'années, l'Univers ressemble, en plus petit, à ce qu'il est aujourd'hui. Notre Soleil commence à se former.

Étoiles et galaxies commencent à se former au bout de 300 millions d'années environ.

Un rayonnement fossile

Les scientifiques ont détecté le très léger signal radio d'un rayonnement présent dans toutes les directions de l'Univers. Ils pensent qu'il s'agit d'un écho très faible de la boule de feu superchaude du big bang. On l'appelle le fond diffus cosmologique, ou rayonnement cosmologique fossile. La présence de ce rayonnement, constitué de micro-ondes, est un argument très fort en faveur de la théorie du big bang.

Le rayonnement cosmologique fossile fut découvert dans les années 1960 par les physiciens américains Arno Penzias et Robert Wilson (ci-dessus).

La théorie déchue

Concurrente du big bang, la théorie de l'état stationnaire, qui connut un temps le succès, affirmait que l'Univers n'avait pas eu de début ni de fin, qu'il existait simplement depuis toujours. Peu de scientifiques soutiennent encore aujourd'hui cette théorie.

Incroyable mais vrai

L'astronome qui donna son nom au big bang, Fred Hoyle, ne l'avait pas fait pour soutenir cette théorie mais pour la critiquer, et fut bien surpris que ce nom eut été conservé. Il soutenait une autre théorie dite de l'état stationnaire.

que l'expansion de l'Univers qui a débuté avec le big bang se poursuit aujourd'hui.

Les trous noirs

Les trous noirs sont un grand mystère. Les astrophysiciens savent qu'ils existent à cause de leurs effets sur les astres voisins (un objet trop proche est irrémédiablement attiré vers le trou). Mais les trous noirs se sont révélés très difficiles à étudier, justement parce qu'ils sont noirs, donc invisibles dans l'espace.

La formation d'un trou noir

Un trou noir se forme parfois lorsqu'une étoile massive explose et meurt. En effet, lorsque celle-ci a brûlé tout son carburant nucléaire, sa gravité est si forte qu'elle attire irrémédiablement en son cœur tous les gaz qui la composent. L'étoile se comprime alors de plus en plus, s'effondrant sur son centre jusqu'à former une minuscule étoile à neutrons, ou trou noir.

Au cœur du trou

À leur proximité immédiate, les trous noirs ont une gravité tellement forte que rien de ce qui y pénètre ne peut plus s'en échapper, même la lumière. En revanche, ce ne sont pas d'énormes aspirateurs qui attirent irrésistiblement les corps les plus éloignés. À grande distance, un trou noir possède la même force d'attraction que tout autre corps céleste de même masse.

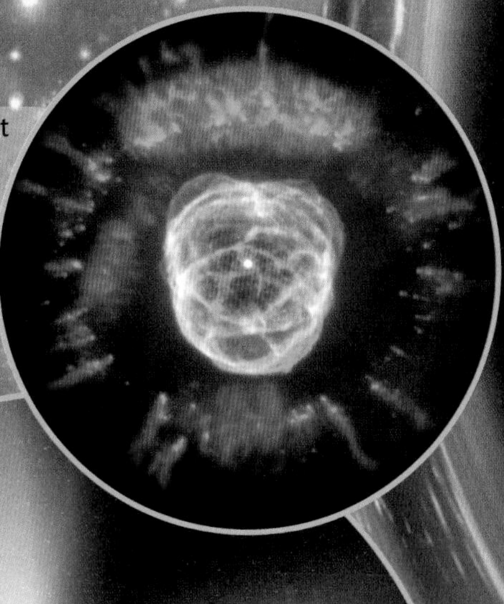

Les chercheurs pensent qu'un trou noir peut se former à la mort d'une grosse étoile lorsqu'elle explose en supernova (ci-contre)

Parfois, une partie des gaz s'effondrant vers le cœur est éjectée sous la forme de jets brûlants.

Ce dessin d'un trou noir montre les nuages de gaz et de poussières tournant rapidement en tourbillon autour de celui-ci avant de s'y engouffrer.

Les trous noirs grossissent en fonction de ce qu'ils aspirent. Ils ne sont limités

Cette image aux rayons X montre un trou noir (le point bleu) d'une masse de 30 millions de fois celle du Soleil, au centre d'une galaxie. Les points orange sont d'autres trous noirs aspirant les étoiles proches.

Comment sont-ils détectés ?

Les trous noir n'émettant aucune lumière, ils ne sont pas visibles. Les scientifiques les repèrent parce que les gaz et les poussières qui sont attirés en leur cœur s'échauffent en se frottant entre eux et deviennent incroyablement chauds. Ils émettent alors des rayons X que détectent les télescopes spatiaux.

2. Très vite, la gravité du trou noir se mettrait à tirer beaucoup plus fort sur les pieds de l'astronaute que sur sa tête.

1. Un astronaute qui pénétrerait dans un trou noir n'en ressentirait, au début, aucun effet.

3. Le malheureux astronaute serait étiré en un long spaghetti avant de se retrouver comprimé à l'état d'une invisible poussière.

Est-ce possible ?

Certaines personnes pensent qu'un trou noir pourrait constituer une porte vers un autre univers. Mais cela n'est que pure supposition. Personne ne connaît la réponse. Quoi qu'il en soit, celui qui voudrait aller vérifier aurait peu de chance de survivre au voyage. Les terribles effets de l'énorme gravité du trou noir auraient tôt fait de disloquer n'importe quel vaisseau ou le corps d'un astronaute avant de les réduire en poussières.

en masse que par la quantité de matière qu'ils consomment.

Existe-t-il d'autres Terres?

Les atronomes savent aujourd'hui qu'il existe d'autres planètes en dehors de notre système solaire. On les appelle des exoplanètes. Ils espèrent un jour en découvrir une semblable à la Terre, capable d'abriter la vie.

Une découverte récente

À vingt années-lumière de nous se trouve une étoile baptisée Gliese 581. Les astronomes ont découvert trois planètes en orbite autour d'elle. L'une est trop chaude pour abriter la vie, une autre trop froide. La troisième se trouve dans la «zone habitable» et pourrait rassembler des conditions favorables.

L'étoile Gliese 581 est une naine rouge.

On ne sait pas encore si la planète Gliese 581c est rocheuse ou exclusivement composée de gaz.

La planète Gliese 581b met 5,4 jours pour faire le tour de son étoile. Elle est trop chaude pour abriter la vie.

La planète Gliese 581c met 13 jours pour faire le tour de son étoile et pourrait être à la bonne distance de celle-ci pour abriter la vie.

L'eau de la vie

On pense que la planète Gliese 581c se trouve en orbite dans la «zone habitable», où les températures de surface permettraient à l'eau de se trouver à l'état liquide.

Actuellement, la seule planète connue dont nous soyons sûrs

Comparée à la Terre

Les exoplanètes découvertes sont si distantes qu'il est difficile d'estimer leur taille avec précision, de même que leur composition.

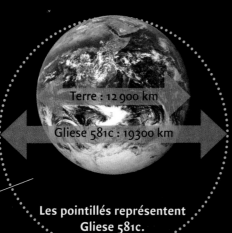

Terre : 12 900 km

Gliese 581c : 19 300 km

On pense que Gliese 581c mesure environ 19 300 km de diamètre et a une masse cinq fois plus grande que la Terre.

Les pointillés représentent Gliese 581c.

L'exoplanète HD 189733b a été découverte en 2005 parce qu'elle réduisait la luminosité de son étoile en passant devant.

La planète Gliese 581d met 84 jours pour faire le tour de son étoile. Elle est trop froide pour abriter la vie.

Comment fait-on pour les détecter ?

Plus de 200 exoplanètes, aussi appelées planètes extrasolaires, ont été identifiées depuis que la première a été découverte en 1995. Les astronomes pensent qu'il en existe beaucoup plus. Les exoplanètes ne peuvent pas être vues à travers un télescope. On ne peut que détecter leur présence à travers les infimes variations de luminosité qu'elles provoquent en passant devant leur étoile.

Un télescope Darwin

Parmi les autres télescopes spatiaux à la recherche d'exoplanètes figure le satellite européen *COROT*, vu ici avant son lancement. Depuis qu'il est en orbite, il a déjà détecté une planète extrasolaire

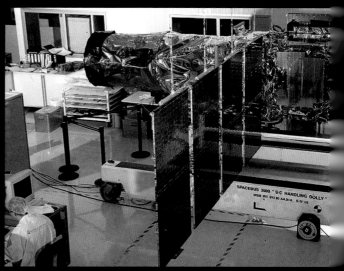

Les futurs yeux de l'espace ?

L'Agence spatiale européenne étudie actuellement la possibilité de construire des télescopes spatiaux capables de rechercher les exoplanètes. Un projet d'une flottille de quatre télescopes appelés *Darwin* est évoqué pour un lancement en 2015. Mais on ne sait pas encore si ce projet verra le jour.

qu'elle abrite la vie est la Terre.

Une étoile est née

Comme beaucoup d'images de l'espace, cette photo de la nébuleuse de l'Aigle a été colorée artificiellement pour faciliter son examen.

Des amas d'étoiles naissent constamment au sein de nuages de gaz et de poussières interstellaires. Ces nuages sont des milliers de fois plus gros que notre système solaire et le processus de formation de nouvelles étoiles peut prendre des millions d'années.

Nées des nuages

Dans l'espace interstellaire, c'est-à-dire entre les étoiles existantes, se trouvent de vastes nuages de poussières et de gaz. Sous l'effet de leur gravité, ceux-ci attirent sans cesse plus de gaz et de poussières, finissant par former d'immenses nuages appelés nébuleuses. Par endroits, dans ces nébuleuses, des amas de matière commencent à se concentrer.

La lumière et la couleur

Ces amas de matière deviennent de plus en plus denses. La chaleur en leur sein augmente et finit par produire une jeune étoile qui, en se mettant à briller, remplit la nébuleuse de lumière et de couleurs. Cet effet spectaculaire (à droite) a été saisi par le télescope spatial *Spitzer*.

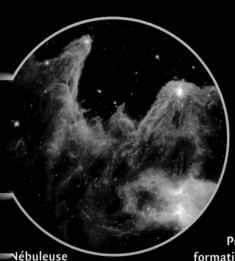

Nébuleuse

Processus de formation d'étoiles saisi par le télescope spatial *Hubble*

La fusion s'amorce

Lorsqu'il a assez de matière, le processus se maintient. L'étoile devient plus dense et plus chaude. Finalement, une réaction de fusion nucléaire s'amorce, libérant d'énormes quantités de chaleur et de lumière : une étoile est née.

L'amas d'étoiles des Pléiades est un groupe d'étoiles très jeunes nées il y a seulement

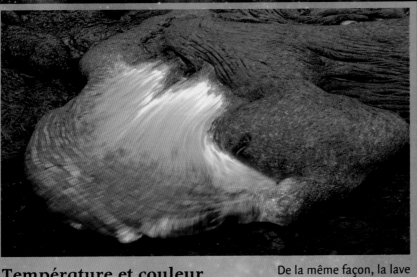

Des noms imagés

La Tête de cheval, le Lagon, l'Aigle, l'Œil de chat... certaines des nébuleuses les plus connues ont des noms populaires inspirés par leur forme et leur aspect.

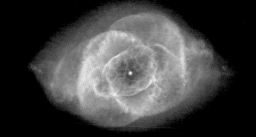

Nébuleuse de l'Œil de chat

Température et couleur

Certaines étoiles émettent une lumière rouge, d'autres jaune ou blanc-bleu. En fait, la couleur d'une étoile dépend de sa température. Les étoiles rouges sont les plus froides, les bleues les plus chaudes.

De la même façon, la lave révèle sa température à travers sa couleur. Ici, la lave jaune est plus chaude que celle de couleur rouge.

Le Soleil est une étoile de type naine jaune.

Les types d'étoiles

Les étoiles présentent différentes caractéristiques selon la quantité de matière mise en jeu lors de leur formation. Elles varient par la couleur, la température, la luminosité et par leur durée de vie. Notre Soleil est une étoile moyenne d'une longévité de 10 milliards d'années environ. Elle en a déjà vécu la moitié.

Variété stellaire

Voici quelques types d'étoiles et leurs dérivés.

Les naines rouges sont plus petites que notre Soleil. Elles brûlent lentement leur carburant et vivent donc très longtemps.

Les matériaux vestiges de la formation d'une étoile peuvent se transformer en système de planètes autour de l'étoile.

Les géantes bleues comptent parmi les étoiles les plus chaudes et vivent moins de 100 millions d'années.

Les supergéantes sont les étoiles les plus rares. Leur durée de vie est courte : moins de 50 millions d'années.

103

70 millions d'années, baignant dans un nuage interstellaire qu'elles éclairent.

La mort des étoiles

Les étoiles naissent, vivent leur vie et finissent par mourir. À leur mort, toute la matière qu'elles renferment est rejetée sous la forme de nuages de gaz et de poussières semblables à ceux à partir desquels elles se sont formées. Et le processus recommence.

Représentation du Soleil éjectant ses couches externes à la fin de sa vie

Lune

Satellite de la planète ci-dessous

D'abord de plus en plus grosse...

Lorsqu'une étoile comme notre Soleil atteint la fin de sa vie, elle commence par grossir. Elle devient alors une géante rouge ou une supergéante. Cela se produit parce que, en consommant son carburant, l'hydrogène, son cœur se contracte en devenant de plus en plus chaud. Cela entraîne l'expansion de l'étoile.

Surface d'une planète dont le ciel est entièrement occupé par une géante rouge

Incroyable mais vrai
Nous sommes constitués d'éléments comme l'oxygène, l'hydrogène, le carbone et le fer. L'hydrogène s'est formé peu après le big bang ; les autres éléments sont fabriqués au cœur des étoiles et dispersés lors de leur mort.

Notre Soleil va continuer de brûler sa réserve d'hydrogène pendant encore

... et finalement plus petite

Une fois qu'elle est devenue assez grosse, une géante rouge commence à brûler un autre carburant : l'hélium contenu dans le noyau. L'immense énergie libérée a pour effet d'éjecter les couches externes de l'étoile, qui commencent à se disperser dans l'espace sous la forme d'une nébuleuse. Finalement, seul subsistera le cœur de l'étoile transformé en naine blanche, toute petite et très dense.

Une mort cataclysmique

Certaines étoiles géantes finissent leur vie dans une énorme explosion appelée supernova. Leur cœur survit parfois sous forme de trou noir ou d'étoile à neutrons.

Étoile géante photographiée avant qu'elle n'explose et ne forme la supernova 1987a

1987a : la supernova la plus brillante observée depuis près de quatre siècles

Comme un phare dans l'espace

Certaines étoiles à neutrons envoient des faisceaux d'ondes radio qui balaient l'espace à mesure que l'étoile tourne sur elle-même. Les astronomes, qui peuvent capter ces signaux, appellent ces étoiles des pulsars.

Quelques photos d'étoiles mourantes

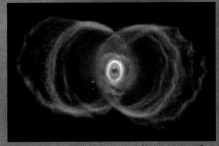

Jeune nébuleuse en sablier MyCn18, autour d'une étoile mourante

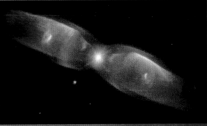

Exemple de nébuleuse en papillon présentant des jets supersoniques

Mort spectaculaire d'une étoile dans la constellation du Taureau, formant la supernova 1054 A.D.

5 milliards d'années, après quoi il mourra de la façon décrite dans ces deux pages.

La fascination des étoiles

Le Soleil s'est couché, le ciel est dégagé et les étoiles commencent à apparaître. Pourquoi ne pas sortir et aller faire un peu d'astronomie ? C'est une activité fascinante et facile à pratiquer même pour l'amateur débutant ! Tout ce dont on a besoin pour commencer, c'est d'une bonne paire d'yeux. Et plus on regarde, plus on voit de choses !

L'équipement du débutant

Aucun équipement spécial n'est nécessaire pour débuter dans l'astronomie : environ 2 500 étoiles sont visibles à l'œil nu. Toutefois, une simple paire de jumelles permet d'en découvrir beaucoup plus, avec plus de détails.

L'œil met 20 à 30 minutes à s'habituer à l'obscurité après avoir été à la lumière.

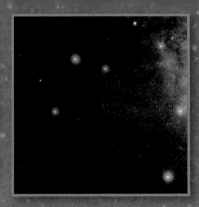

Les constellations

Très vite, on peut repérer les constellations. On voit ici une partie de la constellation du Sagittaire.

La ceinture d'Orion

Il y a beaucoup de constellations. L'une des plus faciles à repérer est Orion, grâce aux trois étoiles brillantes et alignées qui constituent sa ceinture.

La pollution lumineuse

Dans nos villes, les éclairages publics ainsi que ceux des véhicules et de nos habitations produisent beaucoup de lumière qui s'échappe vers le ciel. Celui-ci étant plus clair, les étoiles sont plus difficiles à discerner. On peut malgré tout voir la Lune et les principales constellations, et avec un peu de chance, des étoiles filantes.

Qu'est-ce que c'est ?

Les images ci-dessous sont des portions de photos figurant dans le chapitre « L'espace à la portée de tous › De quelles photos s'agit-il ?
(Réponses p. 124)

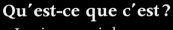

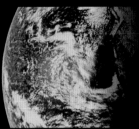

Pour en savoir plus

- L'astronomie en amateur p. 108-109
- Les constellations p. 112-113

Au bout de cette durée dans le noir, on commence à distinguer de plus en plus d'étoiles.

L'équipement de base

Voici quelques outils qui se révéleront utiles pour débuter dans de bonnes conditions en astronomie.

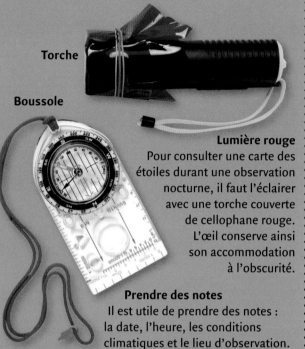

Torche

Boussole

Lumière rouge

Pour consulter une carte des étoiles durant une observation nocturne, il faut l'éclairer avec une torche couverte de cellophane rouge. L'œil conserve ainsi son accommodation à l'obscurité.

Prendre des notes

Il est utile de prendre des notes : la date, l'heure, les conditions climatiques et le lieu d'observation. Une boussole permet de savoir dans quelle direction on observe.

Jumelles

Une paire de 8 x 30 !

Il existe des jumelles de différents grossissements et différents diamètres, exprimés par des chiffres. Le premier indique le grossissement : ici, 8 fois. Le second donne le diamètre des lentilles en millimètres : ici, 30 mm.

Une carte du ciel

Une carte circulaire du ciel, faite de deux disques de plastique, sera utile. Il suffit d'aligner la date et l'heure pour découvrir l'aspect du ciel au moment où on l'observe.

L'astronomie en amateur

Une fois la décision prise de se lancer dans l'astronomie en amateur, on a hâte de faire ses premières découvertes. Quel équipement est nécessaire pour débuter ? Que peut-on observer ? Voici quelques conseils pour bien démarrer.

Un savoir ancien

L'astronomie est l'étude des astres. C'est une discipline très ancienne. D'ailleurs, le mot lui-même dérive de deux termes grecs anciens : *astron*, qui signifie «étoile», et *nemein*, qui signifie «nommer».

Les jumelles à grande ouverture collectent plus de lumière mais sont plus lourdes à porter et plus fatigantes en observation.

Observer longtemps avec des jumelles n'est pas facile car on tremble, ce qui fait sautiller l'image, et à la longue, les bras fatiguent. On peinera moins en reposant les bras sur un support. Il existe aussi des dispositifs pour fixer les jumelles sur un trépied photo.

Pour se familiariser avec le ciel nocturne, il est bon d'apprendre, à l'aide de la carte

Notre galaxie, la Voie lactée, apparaît sous la forme d'une large bande laiteuse en travers du ciel nocturne.

Fuir la lumière

Les astronomes préfèrent être le plus loin possible des lumières artificielles et le plus possible en altitude pour voir plus clairement les étoiles. Lorsqu'on vit en ville, il faut prévoir des sorties dans la campagne pour s'éloigner des lumières parasites.

La Voie lactée est faiblement lumineuse et ne s'observe correctement que loin des éclairages parasites.

Une planète facile à repérer

Selon l'époque de l'année, il faut rechercher Vénus juste après le coucher du Soleil vers l'ouest, ou juste avant son lever vers l'est.

Vénus, l'Étoile du berger, n'est jamais très éloignée du Soleil.

La chasse aux étoiles filantes

Lorsque la Terre traverse les traînées de poussières laissées par les comètes, on observe des pluies d'étoiles filantes. Cela se produit notamment entre le 25 juillet et le 18 août lorsque la Terre croise l'essaim des Perséides, ou entre le 16 et le 27 octobre avec l'essaim des Orionides.

du ciel, à repérer quelques grandes constellations : la Grande Ourse, Cassiopée, etc.

Les phases de la Lune

De tous les objets du ciel, la Lune est le plus facile à observer pour l'astronome débutant. Chaque nuit, notre satellite semble changer un peu de forme. En réalité, ce n'est pas sa forme qui change, mais la partie de sa surface visible depuis la Terre qui est éclairée par le Soleil. Celle-ci se modifie à mesure que la Lune tourne autour de la Terre. Ces différentes formes sont appelées les phases de la Lune. Un cycle complet, qui s'effectue en un peu moins de un mois, comporte huit phases successives.

Un cycle à boucler

Pour effectuer un cycle complet, d'une nouvelle lune à une autre, notre satellite met 29,5 jours. Lorsque sa partie visible dans le ciel augmente, on dit que la Lune est croissante. Lorsqu'elle se réduit, on dit qu'elle est décroissante.

Un visage immuable

La Lune effectue dans le même temps un tour complet sur elle-même ainsi qu'un tour complet autour de la Terre. De ce fait, elle nous présente toujours la même face.

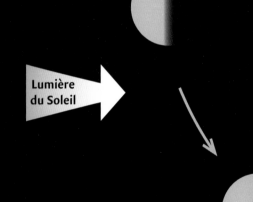

8. Lune décroissante
La Lune a presque complété son orbite autour de la Terre. On n'en voit plus qu'un croissant.

Lumière du Soleil

1. Nouvelle lune
Dans cette phase, la Lune est invisible depuis la Terre car sa face éclairée est entièrement à l'opposé de notre planète.

Lumière du Soleil

2. Lune croissante
La Lune s'est un peu déplacée et nous pouvons voir la lumière solaire se réfléchissant sur une partie de sa surface.

 Un dessin à l'échelle
Si la Terre et la Lune étaient de la taille représentée ici, voici la distance qui les séparerait.

Les heures de lever et de coucher de la Lune varient au cours de son cycle.

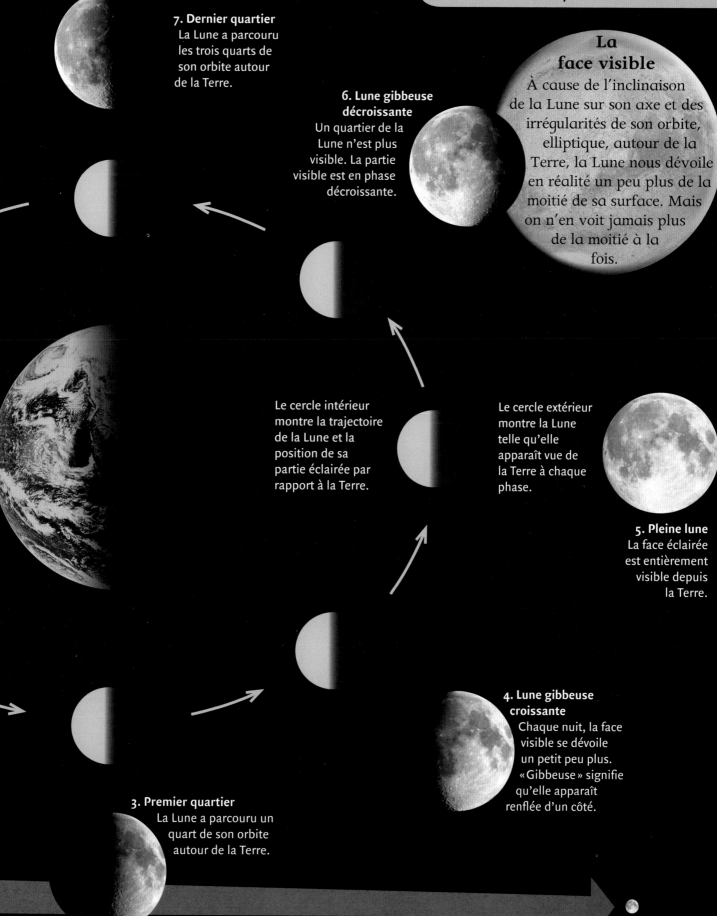

7. Dernier quartier
La Lune a parcouru les trois quarts de son orbite autour de la Terre.

6. Lune gibbeuse décroissante
Un quartier de la Lune n'est plus visible. La partie visible est en phase décroissante.

La face visible
À cause de l'inclinaison de la Lune sur son axe et des irrégularités de son orbite, elliptique, autour de la Terre, la Lune nous dévoile en réalité un peu plus de la moitié de sa surface. Mais on n'en voit jamais plus de la moitié à la fois.

Le cercle intérieur montre la trajectoire de la Lune et la position de sa partie éclairée par rapport à la Terre.

Le cercle extérieur montre la Lune telle qu'elle apparaît vue de la Terre à chaque phase.

5. Pleine lune
La face éclairée est entièrement visible depuis la Terre.

4. Lune gibbeuse croissante
Chaque nuit, la face visible se dévoile un petit peu plus. «Gibbeuse» signifie qu'elle apparaît renflée d'un côté.

3. Premier quartier
La Lune a parcouru un quart de son orbite autour de la Terre.

En premier et en dernier quartiers, elle n'est visible dans le ciel qu'une partie de la nuit.

Les constellations

Pour se repérer dans le ciel nocturne, les astronomes identifièrent dès l'Antiquité des groupes d'étoiles qui dessinaient dans le ciel des formes particulières. Ils les appelèrent des constellations. Ce sont les étoiles que tout le monde peut voir en levant les yeux la nuit et que l'on peut s'entraîner à reconnaître dès le plus jeune âge.

La sphère céleste

Jadis, les astronomes croyaient que les étoiles étaient fixées sur la face intérieure d'un gigantesque globe creux qui entourait la Terre : la sphère céleste. Nous savons aujourd'hui qu'il n'en est pas ainsi. Mais la notion de sphère céleste reste une excellente représentation pour repérer la position des étoiles dans le ciel.

Combien y a-t-il de constellations ?

Leo le lion, Orion le chasseur, Ursa Major la Grande Ourse... Il existe 88 constellations reconnues par les astronomes du monde entier. Toutes ont un nom latin et un nom courant local. Et à bon nombre d'entre elles se rattache une légende.

Le Lion est l'une des douze constellations du zodiaque.

Pour en savoir plus
• Le ciel de l'hémisphère Nord p. 114-115
• Le ciel de l'hémisphère Sud p. 116-117

112

Le Verseau, les Poissons, le Bélier, le Taureau, les Gémeaux, le Cancer, le Lion, la Vierge,

La légende des dieux

De nombreuses constellations ont reçu le nom de personnages de la mythologie grecque. Celle d'Orion fut ainsi nommée parce que les astronomes de l'Antiquité voyaient, dans deux alignements d'étoiles, le dessin de la ceinture et de l'épée de ce chasseur héroïque, fils du dieu de la mer, Poséidon.

Orion

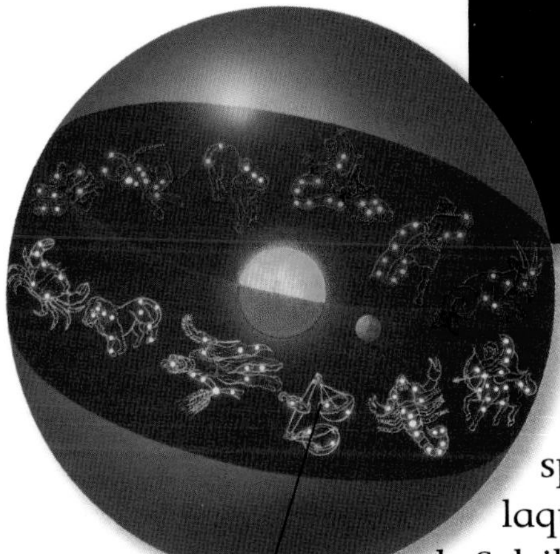

Les 12 signes du zodiaque figurent dans une bande imaginaire de la sphère céleste.

Le zodiaque

L'écliptique est une ligne imaginaire de la sphère céleste le long de laquelle semblent circuler le Soleil, la Lune et les planètes. Les astronomes distinguent, sur cette ligne, douze constellations formant une bande appelée zodiaque. Les astrologues leur attribuent des significations particulières.

Des voisines distantes

Les étoiles des constellations ne sont pas aussi proches les unes des autres qu'elles apparaissent vues de la Terre. L'illustration de Cassiopée ci-dessous montre que, observées sous un autre angle, des distances très variables les séparent et que leur disposition est très différente de ce que l'on observe depuis notre planète.

Le nord et le sud

Comme le globe terrestre, la sphère céleste est divisée en deux moitiés : les hémisphères célestes Nord et Sud. Les étoiles et les constellations que l'on peut voir dépendent de la position de l'observateur sur la planète.

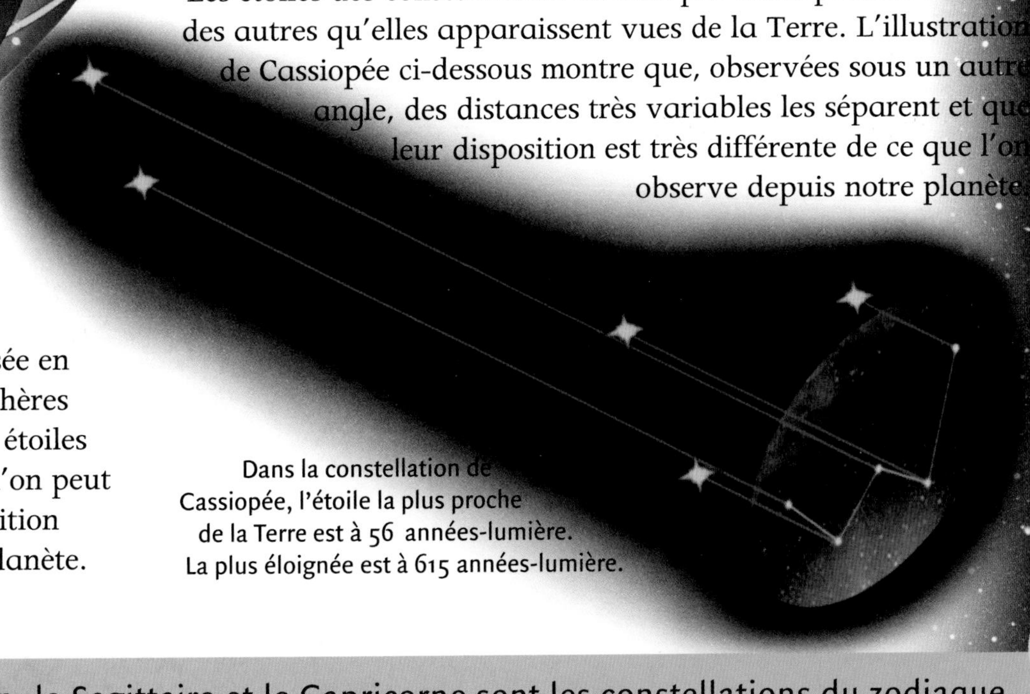

Dans la constellation de Cassiopée, l'étoile la plus proche de la Terre est à 56 années-lumière. La plus éloignée est à 615 années-lumière.

113

la Balance, le Scorpion, le Sagittaire et le Capricorne sont les constellations du zodiaque.

Le ciel de l'hémisphère Nord

Cette carte du ciel montre quelques-unes des constellations de l'hémisphère céleste Nord (toutes celles qui se trouvent au nord de l'équateur). Il suffit de lever les yeux par une belle nuit dégagée. Mais ceux qui vivent près de l'équateur ne pourront pas observer toutes ces étoiles tout au long de l'année.

La carte du ciel de l'hémisphère Nord est une image aplatie de la demi-sphère céleste.

Imaginons la Terre entourée par une sphère d'étoiles. La carte du ciel de l'hémisphère Nord correspond à la moitié supérieure de cette sphère.

L'équipement

Pour observer les étoiles, il est bon de se munir d'un petit équipement. Tout d'abord, il faut prévoir des vêtements chauds car la nuit est froide au dehors, même en plein été. Une boussole permettra de s'orienter dans le ciel. Il faut penser à couvrir la torche de cellophane rouge. Si l'on s'éclaire subitement à la lumière blanche, les yeux mettront longtemps à se réaccommoder à l'obscurité.

La Grande Ourse

La Girafe

Cassiopée

Bonnet chaud

Boussole

Lampe torche

La Grande Ourse et la Petite Ourse sont des points de repère dans l'hémisphère Nord

Les yeux rivés au ciel

Avec un peu de pratique, on apprend très vite à reconnaître de plus en plus de constellations. Certaines, comme Orion, situées assez bas sur l'horizon, sont observables aussi bien depuis l'hémisphère Nord que l'hémisphère Sud.

Le Dragon

La Petite Ourse

Céphée

La Grande Ourse

La Grande Ourse est censée représenter Callisto, une très belle princesse qui, par jalousie, fut transformée en ourse par Héra, l'épouse de Zeus (le roi des dieux).

La Grande Ourse

La Girafe

Cette constellation fut baptisée il y a seulement 400 ans, ce qui est récent pour une constellation. Elle représente… une girafe.

La Girafe

Céphée

Cette constellation représente un roi grec mythique, se tenant près de son épouse Cassiopée.

Céphée

115

car elles permettent de localiser l'Étoile polaire, qui marque le pôle Nord.

Le ciel de l'hémisphère Sud

Cette carte du ciel montre quelques-unes des constellations de l'hémisphère céleste Sud (toutes celles qui se trouvent au sud de l'équateur). Il suffit de lever les yeux par une belle nuit dégagée. Mais ceux qui vivent près de l'équateur ne pourront pas observer toutes ces étoiles tout au long de l'année.

Le Centaure

Le Paon

La carte du ciel de l'hémisphère Sud est une image aplatie de la demi-sphère céleste.

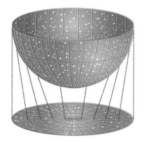

Imaginons la Terre entourée par une sphère d'étoiles. La carte du ciel de l'hémisphère Sud correspond à la moitié inférieure de cette sphère.

Elles bougent tout le temps !

En observant le ciel assez longtemps, on s'aperçoit que les étoiles et les constellations se déplacent lentement au cours de la nuit. C'est le fait que la Terre tourne sur elle-même qui donne aux étoiles ce mouvement apparent.

Le mouvement apparent des étoiles est très net sur cette photographie du ciel nocturne prise en pose longue.

La constellation de la Croix du Sud est un bon indicateur dans l'hémisphère Sud

Les yeux rivés au ciel

Avec un peu de pratique, on apprend très vite à reconnaître de plus en plus de constellations. En voici quelques-unes que l'on peut observer dans l'hémisphère Sud.

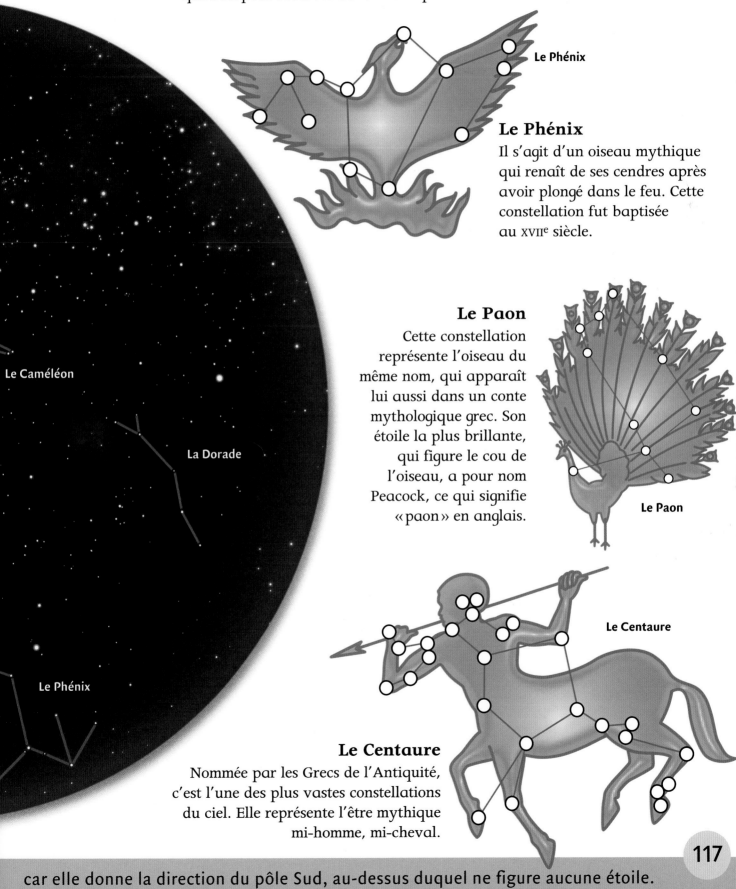

Le Phénix

Le Phénix

Il s'agit d'un oiseau mythique qui renaît de ses cendres après avoir plongé dans le feu. Cette constellation fut baptisée au XVIIe siècle.

Le Paon

Cette constellation représente l'oiseau du même nom, qui apparaît lui aussi dans un conte mythologique grec. Son étoile la plus brillante, qui figure le cou de l'oiseau, a pour nom Peacock, ce qui signifie «paon» en anglais.

Le Paon

Le Caméléon

La Dorade

Le Phénix

Le Centaure

Le Centaure

Nommée par les Grecs de l'Antiquité, c'est l'une des plus vastes constellations du ciel. Elle représente l'être mythique mi-homme, mi-cheval.

117

car elle donne la direction du pôle Sud, au-dessus duquel ne figure aucune étoile.

Les technologies de l'espace

Certains objets et produits que nous utilisons couramment de nos jours dérivent directement d'inventions réalisées pour les voyages dans l'espace. En voici quelques-uns.

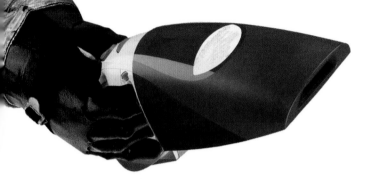

Un aspirateur à main dispose d'une puissance d'aspiration surdéveloppée.

Les appareils sans fil

Les ingénieurs de l'espace et les fabricants de matériels électriques ont conçu ensemble des outils sans fil afin que les astronautes puissent forer dans la roche sur la Lune. Leurs recherches ont permis ensuite la mise au point d'instruments médicaux sans fil et d'appareils comme les mini-aspirateurs à main.

Les chirurgiens utilisent des instruments légers alimentés en électricité par des batteries.

Les scanners médicaux

La technologie informatique développée pour optimiser les images de l'espace a aujourd'hui des applications en médecine. Elle permet de traiter les images produites par les scanners médicaux afin que les médecins puissent les interpréter et effectuer leurs diagnostics.

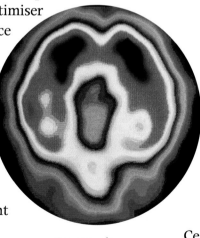

Scanner d'un cerveau humain

La mousse à mémoire de forme

Ce produit a été développé pour équiper les sièges des astronautes afin de les protéger contre les fortes accélérations. La mousse épouse les formes du corps et revient ensuite à sa forme initiale.

Mousse à mémoire de forme utilisée ici dans un coussin cervical

La robuste couche externe des scaphandres spatiaux est faite de Kevlar,

Les roues de bicyclettes aérodynamiques

La recherche aérospatiale a également permis de développer les roues de vélo lenticulaires et à trois rayons. Leur meilleur aérodynamisme améliore les performances des cyclistes en course de vitesse.

Les technologies terrestres

Inversement, certains produits qui existaient avant la conquête spatiale ont trouvé un usage spécifique dans l'espace. Le Teflon, par exemple, fibre plastique résistante à la chaleur inventée en 1938, fut utilisée plus tard dans les combinaisons spatiales et les boucliers thermiques.

Le Teflon est communément utilisé comme revêtement anti-adhérent dans les ustensiles de cuisine. Il protège également les tissus contre les taches.

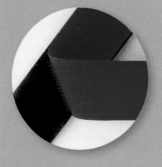

Le Velcro a été utilisé durant les missions *Apollo* pour maintenir en place les équipements en impesanteur. Sur Terre, il sert notamment comme bande de fixation pour les vêtements.

Des objets adaptés

À partir des années 1960, la NASA, l'agence spatiale américaine, a aussi adapté des objets d'usage courant aux besoins des programmes spatiaux.

La NASA a conçu des détecteurs de fumée à sensibilité réglable. Ils furent également utilisés à bord de *Skylab*, la station spatiale lancée en 1973, pour détecter les vapeurs toxiques.

ISBN 1-4053-1037

9 781405 310377

Un type de code-barres a été mis au point pour référencer toutes les pièces des engins spatiaux.

Les premières horloges à quartz sont apparues dans les années 1920. Dans les années 1960, la NASA a développé des modèles de haute précision.

119

de Gore-Tex et de Nomex, trois fibres protectrices très utilisées sur Terre également.

Chronologie de l'espace

De nombreux événements ont marqué l'histoire de la conquête de l'espace depuis que l'homme s'est lancé dans son exploration dans les années 1950. Du premier satellite à la première station spatiale, voici quelques dates marquantes de cette épopée.

Spoutnik

1957
Le premier satellite artificiel, *Spoutnik 1*, effectue un tour complet de la Terre en 98 minutes environ.

1957
La chienne Laika est le premier être vivant envoyé dans l'espace à bord de *Spoutnik 2*.

Luna 3 était une sonde soviétique.

1959
La sonde *Luna 3* fait le tour de la Lune et transmet les premières images de sa face cachée.

1961
Le premier homme dans l'espace, Youri Gagarine, effectue un tour de la Terre en 108 minutes.

1963
Valentina Tereshkova est la première femme dans l'espace à bord de *Vostok 6*. Le vol dure 70 heures et 50 minutes et effectue 48 fois le tour de la Terre.

1969
Neil Armstrong est le premier homme à poser le pied sur la Lune, à bord d'*Apollo 11*, en compagnie de Edward « Buzz » Aldrin.

1965
La première sortie dans l'espace est effectuée par Alexei Arkhipovich Leonov. Elle dure 10 minutes.

L'astronaute Buzz Aldrin sur la Lune

Michael Collins était le troisième homme de la mission *Apollo 11*. Il resta en orbite

1973

Mise en orbite de *Skylab*, la première station américaine. Occupée par trois équipages successifs qui mèneront près de 300 expériences, elle retombera sur Terre en 1979.

1977

Lancement de *Voyager 2*, suivi de peu par *Voyager 1*. Les deux sondes étudient les planètes externes du système solaire. Elles sont encore opérationnelles aujourd'hui.

1986

Lancement de la première section de la station spatiale russe *Mir*. Elle sera la première résidence permanente dans l'espace, presque continuellement occupée jusqu'en 1999. Elle brûlera en rentrant dans l'atmosphère en 2001, après 15 ans en orbite.

Décollage de la fusée
Titan III-Centaur
emportant la sonde
Voyager 2

Station spatiale *Mir*

La Station spatiale internationale

1998

Lancement de la première section de la Station spatiale internationale (ISS). Toujours opérationnelle aujourd'hui, elle gravite à 360 km de la Terre.

2004

La sonde *Cassini* atteint Saturne et envoie les photos les plus nettes jamais réalisées de son système d'anneaux. Ci-dessous, les anneaux et leur ombre sur Saturne.

Vue des anneaux de Saturne par *Cassini*

dans le module de commande pendant que ses compagnons descendaient sur la Lune.

Glossaire

Année-lumière Distance parcourue par la lumière en une année, soit 9 460 milliards de kilomètres.

Astéroïde Appelé aussi planète mineure, c'est une sorte de rocher géant généralement en orbite autour du Soleil. Il y en a des centaines de milliers dans notre système solaire et l'on en découvre sans cesse de nouveaux.

Astronaute Personne ayant subi un entraînement dans le but d'effectuer des voyages spatiaux.

Astronomie Discipline scientifique étudiant l'immense domaine qui s'étend au-delà de la Terre – c'est-à-dire l'espace – et tout ce qu'il contient : étoiles, planètes, comètes, galaxies, etc.

Comète Corps céleste composé de glace, de poussières et de roches, gravitant en orbite décentrée autour du Soleil. À l'approche du Soleil, elle fond en partie pour former une double queue de gaz et de poussières.

Espace Région infiniment vaste, essentiellement occupée par le vide, séparant les étoiles et les planètes. L'espace contient en quantité très réduite des poussières, des gaz et des roches.

Étoile Grosse boule de matières gazeuses dans l'espace au sein de laquelle se déroulent des réactions nucléaires qui la font briller et dégager d'énormes quantités d'énergie.

Fusée Véhicule emportant les satellites et les hommes dans l'espace.

Atmosphère Mince couche de gaz qui enveloppe les planètes et se dilue progressivement dans l'espace à mesure que l'on s'en éloigne. L'atmosphère de la Terre a environ 100 km d'épaisseur.

Galaxie Immense système d'étoiles et de nuages de gaz et de poussières, en rotation sur lui-même, maintenu rassemblé par la gravité. Notre galaxie, la Voie lactée, compte 200 milliards d'étoiles.

Gaz Substance dont les atomes ou les molécules se déplacent librement dans l'espace, sans aucune forme définie.

Gravité Force qui produit une attraction entre tous les corps présents dans l'Univers. Elle assure la rotation de la Terre et des autres planètes autour du Soleil, celle de la Lune autour de la Terre, etc.

Lune Nom donné à l'unique satellite naturel de la Terre. On appelle aussi des lunes les satellites naturels des autres planètes.

Météore Morceau de roche ou particule de poussière qui brûle en pénétrant dans l'atmosphère, provoquant une étoile filante.

Météorite Météore qui atteint la Terre avant de s'être complètement désintégré.

Navette spatiale Vaisseau mis au point par les États-Unis pour leurs missions spatiales. Le véhicule orbital transportant les astronautes peut être réutilisé.

Nébuleuse Nuage de poussières et de gaz interstellaires, qui peut parfois donner naissance à des étoiles.

Observatoire Installation consacrée à l'observation de l'espace. Les observatoires optiques, souvent situés en altitude, possèdent un ou plusieurs dômes abritant un télescope optique. Le dôme peut être ouvert pour observer le ciel. Il existe aussi des observatoires radio-astronomiques équipés d'immenses antennes, et des observatoires spatiaux constitués par des satellites artificiels en orbite.

Orbite Trajectoire d'un objet autour d'un autre objet dans l'espace sous l'influence de la force de gravité.

Ovni Objets volants non identifiés; objets que des gens affirment avoir observés dans le ciel mais sans pouvoir dire de quoi il s'agissait. Pour certains, les ovnis sont la preuve de l'existence des extraterrestres.

Planète Gros objet céleste en forme de sphère en orbite autour d'une étoile.

Satellite Objet de l'espace en orbite autour d'un objet plus gros que lui. La Lune est un satellite naturel. L'homme construit des satellites artificiels qu'il envoie en orbite.

Soleil Étoile autour de laquelle la Terre gravite, donc la plus proche et dont l'énergie permet la vie sur notre planète.

Station spatiale Laboratoire en orbite autour de la Terre occupé par des équipages d'astronautes qui y vivent plusieurs semaines ou plusieurs mois.

Système solaire Ensemble des planètes, planètes naines, satellites, comètes, astéroïdes et poussières en orbite autour du Soleil et maintenus par sa gravité.

Télescope Instrument servant à observer des objets très distants. Il peut être optique (fonctionnant avec la lumière) ou bien radio-astronomique (fonctionnant avec des ondes radio).

Trou noir Objet de l'espace dont l'attraction gravitationnelle est si puissante qu'il aspire tout ce qui s'approche trop près de lui, y compris la lumière, sans possibilité de s'en échapper par la suite. Les scientifiques savent que les trous noirs existent à cause des effets qu'ils ont sur leur voisinage.

Univers Ensemble de tout ce qui existe, c'est-à-dire toutes les étoiles, planètes, galaxies et autres objets spatiaux, même ceux que nous n'avons pas encore découverts.

Qu'est-ce que c'est? : les réponses

Note : les réponses sont données à chaque fois dans l'ordre d'apparition de haut en bas.

Crédits et remerciements

L'éditeur souhaite remercier :
Jon Woodcock pour ces précieux conseils, sa patience et son humour ; Peter Bull pour ses illustrations ; Hedi Gutt et Clare Harris pour l'assistance à la création ; Fleur Star pour la réalisation de l'index, ainsi que Alex Cox, Deborah Lock et Zahavit Shalev pour l'assistance éditoriale.

Crédits photographiques
L'éditeur voudrait également remercier les personnes physiques et morales l'ayant aimablement autorisé à reproduire leurs photographies ou illustrations :

Abréviations
a = au-dessus ; b = bas/en dessous ; c = centre ; g = gauche ; d = droite ; h = haut)

Alamy Images: eStock Photo 56cga, 58hg, 64hg, 66hd, 70hd, 72hd, 75ca ; Rab Harling 91bg ; TNT Magazine 89cd ; Richard Wainscoat 10-11b. **Bridgeman Art Library**: Victoria Art Gallery, Bath and North East Somerset Council 94cg. **Corbis**: 6bg, 19bd, 35bd, 35hc, 125b ; Neil Armstrong 34 (Buzz Aldrin) ; Hinrich Baesemann/epa 52cg ; Heide Benser 118cd ; Bettmann 8cga, 25fcd, 28bd, 33cb, 35cgb, 35hd, 91bd, 91cd ; Bettmann/ Neil Armstrong 34c ; Bettmann/Paul Trent 90-91cb ; Paul Chinn/*San Francisco Chronicle* 90cg ; Richard Cummins 49h ; Tim De Waele 119h ; ESA/NASA 38-39c ; Firefly Productions 11hg ; Tim Kiusalaas 60cga ; NASA 18hd, 60bg, 67hc, 110bg, 123bd ; NASA TV/epa 29b ; NASA TV/Handout/epa 39cd ; NASA/epa 37cda ; NASA/JPL-Caltech 52bd ; NASA/Roger Ressmeyer 18bg, 29hc ; Roger Ressmeyer 77bd (contrôle de mission), 87b, 107fcdb, 113hd, 118cdb ; Reuters 11hd, 38bg, 67cd ; John Sevigny/epa 70b ; Jim Sugar 61cd. **DK Images**: Science Museum, Londres 8bg, 86hd, 118fhg ; NASA 7bg, 44, 53hc, 69cb, 77cgb (comète), 99cb, 99cgb, 99cd, 101hg, 121fhg ; NASA/Finley Holiday Films 68 (Jupiter) ; NASA/JPL 51bd, 66cg ; Natural History Museum, Londres 80hg. **European Space Agency**: 7bd, 9bd, 31cd, 51cga, 101hg, 101hd ; Studio - Bazile 101bd. **Getty Images**: LWA 5hd, 19g ; Riser/Sightseeing Archive 34bd ; Antonio M Rosario 18cd ; Space Frontiers/Dera 60-61c ; Time & Life Pictures 121b. **JAXA**: ISAS 77cdb (Itokawa), 84b, 84cgb. **David Malin Images**: UK Schmidt Telescope/DSS/AAO 21d. **Mary Evans Picture Library**: 8g, 95hd. **NASA**: 1d, 4b, 4cg, 4cga, 4cgb, 5bg, 6-7, 24bd, 24fbd, 25bd, 25fcda, 25fhd, 26bg, 27b, 27d, 27hd, 28cb, 28cgb, 28cdb, 29hg (radeau de survie), 30ca, 31g, 31hd, 32hg, 36cgb, 36d, 37bd, 37cg, 37hg, 38cg, 39hd, 40cg, 40-41 (machine d'entraînement), 41bd, 41cga, 41cgb, 41hd, 42hd, 42-43, 43b, 43cd, 43hd, 45bc, 45bg, 45c, 45ca, 45cgb, 45cdb, 45fcgb, 45hd, 46bd (*Mars Polar Lander*), 46cd, 46cda (sonde *Viking*), 46cdb, 46hg, 46-47 (b/g), 46-47b, 47cga, 47fhd, 47hd, 51fbd, 51hc, 51hg, 52bg, 52fcgb, 55bd, 59hd, 64-65c, 68cd, 68fhd, 68hd, 69bc, 69ca, 69cdb, 69g, 69hc, 69hc (fausses couleurs), 71hd, 72bd, 72d, 73bc, 73bg, 73bd, 73c, 73cga, 73cgb, 73hd, 75bd, 75cb, 77cgb (astéroïde), 77cgb (météorite), 79b, 83bc, 83cb, 88bc, 89cga, 89hd, 90cd, 93c, 93cd, 93cda, 102cg, 103cda, 103cdb (naine jaune), 105cg, 105cd, 120hd, 124hg, 127, 128 ; ESA, H. Weaver-JHU/APL, A. Stern-SwRI/HST Pluto Companion Search Team 75hd ; ESA, K. Noll-STScI/ Hubble Heritage Team (STScI/AURA) 8-9h ; GSFC 98c, 105fcd, 105fcda ; H. Hammel, MIT 76bg ; HQ-GRIN 89cd, 89fbd, 102bd ; JHUAPL/ Carnegie Institution of Washington 57bg ; JPL 85fhd, 85hc,

85hd, 105fcdb ; JSC 121hg ; MSFC 84hg, 99hc, 103bd (supergéante), 121ca, 121hd ; D. Roddy (U.S. Geological Survey), Lunar and Planetary Institute 81cga (Meteor crater). **National Radio Astronomy Observatory**: AUI/Dave Finley 13hg. **PunchStock**: Digital Archive Japan 52hg. **Science Photo Library**: 68bg, 71cgb, 96hg ; Mike Agliolo 78hg ; David P. Anderson/SMU/NASA 58-59b ; Julian Baum 42cda, 67bc, 76-77 ; Julian Baum/New Scientist 88-89 ; Sally Bensusen 54bd ; BMDO/NRL/LLNL 51fcda, 63bg ; Peter Bowater 45hg ; Chris Butler 56-57b, 70cg, 74cg, 89cda, 104-105c ; Celestial Image Co. 14bd, 112g, 113bd ; China Great Wall Industry Corporation 30b ; John Chumack 77hd, 79cd ; Lynette Cook 82bg, 126bg ; David Ducros 24-25 ; Bernhard Edmaier 77cda, 80bc ; Hermann Eisenbeiss 62hd ; Dr. Fred Espenak 12b, 54c, 109bd ; European Southern Observatory 100 ; European Space Agency 64cga, 71cb, 89bd, 98bg ; European Space Agency/DLR/FU Berlin/G. Neukum 65hd ; John Foster 80-81 ; Mark Garlick 14hg, 19hd, 21b, 48-49b, 49cg, 74bd, 74-75, 82-83c, 83hg, 96-97 ; Roberh Gendler 14cgb ; David A. Hardy 25bg, 48cgb ; David A. Hardy, Futures: 50 Years In Space 16-17h, 104-105 (b/g) ; Adam Hart-Davis 47cd ; Johns Hopkins University Applied Physics Laboratory 84-85cb ; JPL-Caltech/STSCI/Vassar/NASA 5bd, 14-15h ; Manfred Kage 81cglb (fragments de météorites) ; Mehau Kulyk 23bd, 86bg, 98-99c ; Larry Landolfi 4c, 51ca, 62-63 ; Dr. Michael J. Ledlow 57hd ; G. Brad Lewis 103hg ; Library Of Congress 95cdb ; Lockheed Martin Corporation/NASA 2-3 ; Jerry Lodriguss 21h, 77hc, 78-79, 106fbg, 107cg ; Jean Lorre 64cgb ; Andrew J. Martinez 63ca, 63cda ; Max-Planck Institute for Radio Astronomy 12g ; Robert Mcnaught 78cg ; Peter Menzel 13bd ; Allan Morton/Dennis Milon 16cga, 109h ; MSSS/ JPL/NASA

51fcdb, 65cd ; David Nanuk 10g, 13g ; NASA 26d, 37cd, 38fcgb, 46cgb, 55cda, 64bg, 66-67c, 87hg, 107fcda, 111cg, 120bd, 122 ; NASA/ESA/ STSCI/Hubble Heritage Team 65bc ; NASA/JPL/Space Science Institute 107fbd, 121cdb ; National Optical Astronomy Observatories 102-103 ; David Nunuk 5cda, 12c ; Walter Pacholka-Astropics 80ca ; David Parker 11d, 92c ; David Parker-ESA/CNES/Arianespace 31bc ; Physics Today Collection/ American Institute of Physics 97cd ; George Post 55g ; Ria Novosti 30cgb, 38cgb, 43cga, 120bg, 120cd (Lune), 120fcga, 120fcgb ; Paul Robbens & Gus York 33bd ; Royal Observatory, Édimbourg 15bg ; Royal Observatory, Édimbourg/AAO 5cdb (nébuleuse) ; John Sanford 28-29h, 107hc, 110-111 (lunes), 111fbd ; Friedrich Saurer 13bg, 15hd, 34hd, 36bg, 40cb, 42bg, 48c, 56cb, 64ca, 67hd, 81cda, 91hc, 97bd, 104cb, 111fhd ; Jerry Schad 106-107 (b/g), 107fhd, 109c ; K. Sharon/Tel Aviv U./NASA/ESA/STSCI 22-23c ; Dr Seth Shostak 89cdb, 92-93c ; Eckhard Slawik 107hg ; SOHO/ESA/NASA 51fhd, 53c ; Sheila Terry 78bg ; US Geological Survey 56-57h, 65fcdb ; Detlev Van Ravenswaay 5cd, 20-21g, 50-51, 51fcd, 65cb, 70-71, 81hd, 83cda ; Victor Habbick Visions 90-91hc, 94-95 ; Richard J. Wainscoat, Peter Arnold Inc. 78bd ; F. Winkler, Middlebury College, MCELS Team/NOAO/AURA/NSF 15bd ; Frank Zullo 116bg. **Still Pictures**: Astrofoto 95bl. **STScI**: J. Bedke 9hd. **TopFoto.co.uk**: 94cgb ; Fortean 90bg ; Ria Novosti 120cgb.

Toutes les autres illustrations sont la propriété de Dorling Kindersley.

Crédit de couverture :
1er plat : NASA-HQ-GRIN doc principal, bd, bg, cg, hg, Science Photo Library ch, cb, Science Museum hd ; **dos** : NASA ;
4e de couv. : Getty : bg ; NASA : cg, hd ; DK : hg.

Index

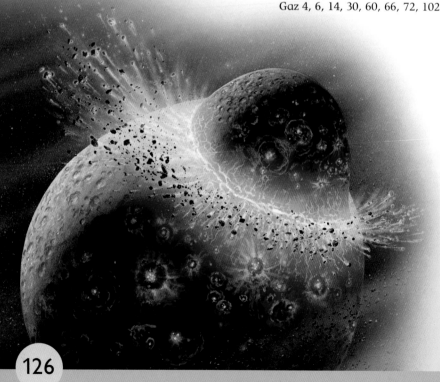

Un site Internet exclusif

Comment accéder au site Internet du livre

1 - SE CONNECTER
Tape l'adresse du site dans ton navigateur et ajoute-la dans tes favoris :
www.erpi.com/encyclopediecielespace
Tu retrouveras à cette adresse le site propre à cette encyclopédie.

2 - DÉCOUVRIR DES LIENS INTERNET CORRESPONDANT À CHAQUE CHAPITRE
Une sélection de liens Internet pour chaque chapitre
de ce livre et adaptés à ton âge t'est proposée.

3 - CHOISIR UN LIEN
Clique sur le lien qui t'intéresse et découvre des quiz, des vidéos, des jeux, des animations 3D,
des bandes sonores, des visites virtuelles, des bases de données, des chronologies ou des reportages.

4 - TÉLÉCHARGER DES IMAGES
Une galerie de photos est accessible sur notre site pour ce livre.
Tu pourras y télécharger des images libres de droits pour un usage personnel et non commercial.

IMPORTANT
- Demande toujours la permission à un adulte
avant de te connecter au réseau Internet.
- Ne donne jamais d'informations personnelles.
- Ne donne jamais rendez-vous à quelqu'un
que tu as rencontré sur Internet.
- Si un site te demande de t'inscrire avec ton nom et ton
adresse e-mail, demande d'abord la permission à un adulte.
- Ne réponds jamais aux messages d'un inconnu
et parles-en à un adulte.

NOTE AUX PARENTS : ERPI vérifie et met à jour régulièrement les liens sélectionnés ; leur contenu peut cependant changer. ERPI ne peut être tenu pour responsable que du contenu de son propre site. Nous recommandons que les enfants utilisent Internet en présence d'un adulte, ne fréquentent pas les *forums de clavardage* et utilisent un ordinateur équipé d'un filtre pour éviter les sites non recommandables.